교실 안팎으로 어휘 문맹의 위기가 닥쳐왔다

몇 년 전 한 방송 프로그램에서 수업 중인 교실 풍경을 본 적이 있습니다.
선생님의 설명에 귀를 기울이는 아이들의 모습. 그러나 잠시 후,

"희미한 기적 소리를 내고 있어요."
"시 한 편을 쓴 후 먼저 가제를 지어 봅시다."

아이들은 선생님이 하시는 말씀 중 '기적'과 '가제'라는 어휘의 뜻을 전혀 몰랐습니다. 고개만 갸우뚱거리고 있습니다. 전체 아이들의 절반 이상이 모르는 분위기입니다.

요즘 학생들에게 어휘 문맹의 위기가 닥쳤다고 합니다. 선생님들은 학생들이 어휘를 몰라 수업 진행이 어렵다고 말합니다. 이런 어휘 문맹은 비단 교실 안에서만 있는 일은 아닙니다. 교실 밖에서도 아이들의 어휘력은 심각했습니다. '금일 휴업'을 보고 '금요일에 휴업을 한다'고 이해하고, '고지식하다'는 '지식이 아주 높다'라는 뜻으로 알고 있었습니다.

이제는 한자의 힘을 길러 어휘를 정복해야 할 때

아이들이 잘 모르는 어휘들을 살펴보면 대부분 '한자'로 이루어진 어휘입니다. 한자어는 우리가 사용하는 어휘의 70%를 차지하고 학습 개념어의 80% 이상을 차지하는데 그 뜻을 모르니 수업을 따라갈 수 없는 게 당연합니다. 학교 공부를 잘할 수도 의사소통을 잘할 수도 없겠지요.

한자어는 비록 한글로 표기하지만 그 이면에는 한자가 숨어 있습니다. 위에서 아이들이 이해하지 못한 '가제'라는 어휘에도 한자 '假(거짓 가)'와 '題(제목 제)'가 쓰였습니다. 아이들이 이 어휘 속 '가'에 '거짓, 임시'의 뜻이 숨어 있다는 것을 알았다면 선생님께서 하신 말씀을 이해하거나 어휘의 뜻을 유추할 수 있었을 겁니다. 숨어 있는 한자의 뜻을 알고 있는 아이와 모르는 아이의 어휘력의 차이는 당연합니다.

〈어휘를 정복하는 한자의 힘〉은 권당 50개의 한자와 한자에서 파생된 한자 어휘 200개를 학습합니다. 그리고 새로운 어휘의 뜻을 유추하는 문제를 통해 어휘 추론력을 기릅니다. 한 권을 완주하면 비슷한말, 반대말까지 포함하여 약 300여 개의 어휘를 제대로 배울 수 있습니다.

매일 두 쪽씩 조금씩, 천천히, 꾸준히 공부해 보세요. 하루 두 쪽씩 쌓인 시간은 여러분의 공부 경쟁력이 될 거예요. 여러분의 어휘 정복을 응원합니다!

기적학습연구소 국어팀 일동

전체 학습 커리큘럼

〈초등 1~2학년 권장〉

1권	01 자연 1	日일	月월	火화	水수	木목	06 수 1	一일	二이	三삼	四사	五오
	02 자연 2	金금	土토	山산	天천	地지	07 수 2	六륙	七칠	八팔	九구	十십
	03 배움 1	學학	校교	先선	生생	教교	08 정도 1	大대	小소	多다	少소	高고
	04 가족 1	父부	母모	兄형	弟제	寸촌	09 방향과 위치 1	東동	西서	南남	北북	中중
	05 사람 1	人인	女녀	男남	子자	心심	10 움직임 1	入입	出출	來래	登등	動동

2권	01 정도 2	長장	短단	強강	弱약	重중	06 사물 1	物물	形형	間간	車차/거	線선
	02 색	靑청	白백	黃황	綠록	色색	07 마을과 사회 1	村촌	里리	邑읍	洞동/통	市시
	03 신체 1	目목	口구	面면	手수	足족	08 자연 3	自자	然연	川천	江강	海해
	04 생활 1	食식	飮음	事사	業업	休휴	09 사람 2	姓성	名명	世세	活활	命명
	05 상태 1	有유	不불/부	便편/변	安안	全전	10 배움 2	讀독	書서	問문	答답	聞문

3권	01 수 3	百백	千천	萬만	算산	數수	06 방향과 위치 2	方방	向향	內내	外외	上상
	02 자연 4	風풍	雪설	石석	草초	花화	07 방향과 위치 3	下하	前전	後후	左좌	右우
	03 자연 5	春춘	夏하	秋추	冬동	光광	08 신체 2	頭두	身신	體체	育육	苦고
	04 집	家가	室실	門문	堂당	場장	09 생활 2	住주	用용	作작	交교	話화
	05 사람 3	力력	氣기	老로	孝효	工공	10 나라	王왕	民민	軍군	韓한	國국

〈초등 3~4학년 권장〉

하루 학습

하루에 한자 1개, 한자 어휘 4개를 학습해요

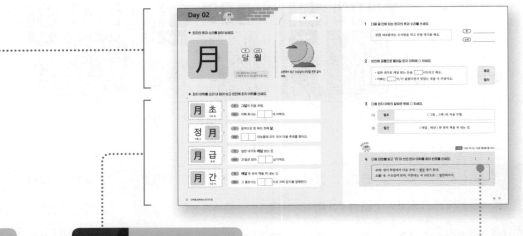

1단계 · 한자 알기

오늘 배울 한자입니다. 하루에 한 자씩 한자의 뜻(훈)과 소리(음)를 배웁니다.

2단계 · 한자 어휘 알기

한자에서 파생된 한자 어휘 4개를 학습합니다. 한자 어휘의 뜻을 소리 내 읽어 보며 그 속에 숨어 있는 한자의 뜻을 찾아보세요. 예문 안에 한자 어휘를 쓰며 어떻게 활용되는지 자연스럽게 익힙니다. 한자 어휘의 반대말과 비슷한말도 함께 배웁니다.

마무리 학습

5일 동안 배운 내용을 복습해요

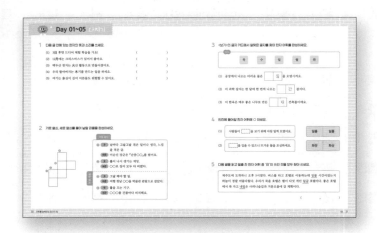

5일 동안 배운 한자 5개, 한자 어휘 20개를 문제를 풀며 복습합니다.
¹ 한자 훈음 확인 → ² 어휘 활용력 기르기 → ³ 어휘 추론력 기르기 문제가 단계별로 구성되어 있습니다.

*각 권은 50day로 구성되어 있습니다. 각 권마다 한자 50개, 추론 어휘, 비슷한말, 반대말 등을 포함한 어휘 약 300여 개를 배울 수 있습니다.

3단계 문제로 확인하기

배운 내용을 문제로 확인합니다. **1** 한자 훈음 확인 → **2** 어휘 활용력 기르기 → **3** 어휘 추론력 기르기 문제가 단계별로 구성되어 있습니다.

어휘 추론력 기르기

마지막 문제는 '어휘 추론 문제'입니다. 어휘력의 최종 도달 단계는 어휘의 뜻을 추론하는 능력입니다. 한글로 표기되어 있지만 그 안에 어떤 뜻의 한자가 숨어 있을지 추론하며 문제를 풀어 보세요.

> '月'은 '달'의 뜻을 가진 한자야. 두 어휘 중 '달'의 뜻이 있는 어휘는 '월말'인 것 같아. '월반'에는 어떤 한자가 쓰였을까?

도움말 다른 하나는 '넘을

4 다음 대화를 읽고 '月'이 쓰인 한자 어휘를 찾아 번호를 쓰세요. ( )

> 수미: 영어 학원에서 다음 주에 ① 월말 평가 본대.
> 소율: 응. 수요일에 본대. 이번에는 꼭 A반으로 ② 월반해야지.

쓰면서 한자의 뜻을 기억하고 싶다면, 쓰기장을 활용해요

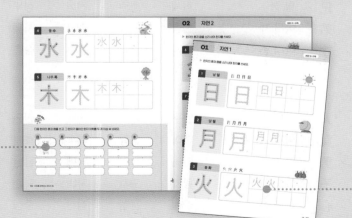

한자 쓰기를 할 수 있는 쓰기장이 맨 뒤에 수록되어 있습니다. 한 장씩 잘라서 옆에 두고 활용하세요. 본 학습과 같이 해도 좋고 복습하는 날 한 번에 해도 좋아요.

해당 한자가 들어간 한자 어휘를 떠올려 보며 마무리합니다.

한자의 뜻을 기억하며 획순에 맞게 쓰세요. **1** 크게 따라 쓰고, **2** 작게 따라 쓰고, **3** 시작점에 맞춰서 혼자 써 보세요.

이 책의 차례 1권

01 자연·1

Day 1	日	날 일	일출 | 일몰 | 일기 | 일정
Day 2	月	달 월	월초 | 정월 | 월급 | 월간
Day 3	火	불 화	화재 | 화산 | 방화 | 소화기
Day 4	水	물 수	수력 | 수심 | 수질 | 수경
Day 5	木	나무 목	목수 | 목판 | 목재 | 목기

월   일

✦ 한자의 뜻과 소리를 읽어 보세요.

뜻 소리
날 일

＊'해, 날'의 뜻이 있어요.
＊요일 중 하나인 '일요일'에 '日'을 써요.

둥근 해와 퍼져 나가는 빛의 모습을 본뜬
글자예요.

✦ 한자 어휘를 소리 내 읽어 보고 빈칸에 한자 어휘를 쓰세요.

日 출
날 出

뜻 **해**가 뜸. 비 해돋이 반 일몰

예문 아침 일찍 일어나 | 일 | 출 | 을 보자.

日 몰
빠질 沒

뜻 **해**가 짐. 반 일출

예문 서해에 가면 멋진 | | | 을 볼 수 있어.

日 기
기록할 記

뜻 날마다 **그날그날** 겪은 일이나 생각, 느낌을 적은 글.

예문 나는 매일 밤 | | | 를 쓰며 하루를 정리한다.

日 정
한도 程

뜻 **그날** 해야 할 일. 일정한 기간 동안 해야 할 일, 또는 그 계획.

예문 나의 하루 | | | 은 아침 여섯 시부터 시작된다.

1 다음 글 안에 있는 한자의 뜻과 소리를 쓰세요.

내 동생 연서는 그림 **日**기를 써요.

뜻 _____

소리 _____

2 빈칸에 들어갈 한자 어휘를 글자 카드에서 찾아 만들어 쓰세요.

(1) 가족 여행 ( )을 세우기 위해 거실에 모두 모였다.

일 절 정

(2) 매일 꾸준히 ( )을/를 쓰면 글쓰기에 도움이 된다.

기 일 월

3 밑줄 친 부분의 뜻을 가진 한자 어휘를 찾아 선을 이으세요.

새해 첫날 우리 가족은 ①해가 뜨는 모습을 보러 산에 가기로 했다. 그런데 눈을 떠 보니 오전 10시. 저녁 먹기 전에 ②해가 지는 모습이라도 보러 가야겠다.

① •   • ㉠ 일몰

② •   • ㉡ 일출

어휘추론!

도움말 다른 하나는 '한 일(一)'을 써요.

4 다음 문장을 읽고 '日'이 쓰인 한자 어휘가 들어 있는 문장에 ✔ 하세요.

☐ ① 내일까지 받아쓰기 연습을 해야 해.

☐ ② 서울은 세계 일류 도시로 발전하고 있어요.

✦ 한자의 뜻과 소리를 읽어 보세요.

月

뜻 소리
달 월

* '달, 매달'의 뜻이 있어요.
* 요일 중 하나인 '월요일'에 '月'을 써요.

오른쪽이 둥근 초승달의 모양을 본뜬 글자예요.

✦ 한자 어휘를 소리 내 읽어 보고 빈칸에 한자 어휘를 쓰세요.

月 초
처음 初

뜻 **그달**의 처음 무렵.

예문 아빠 회사는 ☐☐ 에 바빠요.

정 月
바를 正

뜻 음력으로 한 해의 첫째 **달**.

예문 ☐☐ 대보름에 모두 모여 마을 축제를 했어요.

月 급
줄 給

뜻 일한 대가로 **매달** 받는 돈.

예문 25일은 엄마 ☐☐ 날이에요.

月 간
새길 刊

뜻 **매달** 한 번씩 책을 펴 내는 것.

예문 그 출판사는 ☐☐ 으로 과학 잡지를 발행한다.

1 다음 글 안에 있는 한자의 뜻과 소리를 쓰세요.

> 정月 대보름에는 오곡밥을 먹고 부럼 깨기를 해요.

(뜻) _____

(소리) _____

2 빈칸에 공통으로 들어갈 한자 어휘에 ○ 하세요.

> • 일한 대가로 매달 받는 돈을 [   ](이)라고 해요.
>
> • 아빠는 [   ]이/가 올랐다면서 맛있는 것을 사 주셨어요.

월급
- - - - - -
월차

3 다음 한자 어휘의 알맞은 뜻에 ○ 하세요.

(1) | 월초 | (그달 , 그해)의 처음 무렵.

(2) | 월간 | (매달 , 매년) 한 번씩 책을 펴 내는 것.

어휘 추론!

도움말 다른 하나는 '넘을 월(越)'을 써요.

4 다음 대화를 읽고 '月'이 쓰인 한자 어휘를 찾아 번호를 쓰세요. (   )

> 수미: 영어 학원에서 다음 주에 ①월말 평가 본대.
>
> 소율: 응. 수요일에 본대. 이번에는 꼭 A반으로 ②월반해야지.

월   일

✦ 한자의 뜻과 소리를 읽어 보세요.

뜻   소리

불   화

* '불'의 뜻이 있어요.
* 요일 중 하나인 '화요일'에 '火'를 써요.

불이 활활 타고 있는 모습을 본뜬 글자예요.

✦ 한자 어휘를 소리 내 읽어 보고 빈칸에 한자 어휘를 쓰세요.

火 재
재앙 災

뜻 **불**이 나서 생기는 재앙.

예문 시장에 ☐☐ 가 발생해 사람들이 대피했다.

火 산
메 山

뜻 땅속의 마그마가 **불**타오르듯이 분출하여 만들어진 산.

예문 백두산은 ☐☐ 이에요.

방
놓을 放

뜻 일부러 **불**을 지름.

예문 ☐☐ 를 저지른 범인이 잡혔다.

소 기
사라질 消   그릇 器

뜻 **불**을 끄는 기구.

예문 집에 ☐☐☐ 를 마련해 두었어요.

1 다음 글 안에 있는 한자의 뜻과 소리를 쓰세요.

베이킹 소다와 식초로 **火**산 폭발 실험을 했어요.

（뜻）＿＿＿＿＿＿＿＿＿

（소리）＿＿＿＿＿＿＿＿＿

2 빈칸에 들어갈 한자 어휘를 <보기>에서 찾아 쓰세요.

> 보기
>
> | 화재 | 수재 | 소화기 | 소화제 |
> |---|---|---|---|

11월 9일은 소방의 날이에요. 전교생이 모두 강당에 모여 (　　　　　　) 예방 교육을 들었어요. 그리고 올바른 (　　　　　　) 사용법도 배웠어요.

3 밑줄 친 부분의 뜻을 가진 한자 어휘에 ○ 하세요.

경찰은 주택가에 <u>불을 지른</u> 범인을 잡았다.

포화	방화

도움말 다른 하나는 '그림 화(畵)'를 써요.

4 다음 문장을 읽고 '火'가 쓰인 한자 어휘가 들어 있는 문장에 ✓ 하세요.

☐ ① 삼촌의 직업은 <u>화가</u>예요.

☐ ② 찜질방에 불이 나서 직원들이 <u>화상</u>을 입었다고 한다.

✦ 한자의 뜻과 소리를 읽어 보세요.

뜻 소리

물 수

＊'물'의 뜻이 있어요.
＊요일 중 하나인 '수요일'에 '水'를 써요.

시냇물 위로 비가 내리는 모습을 본뜬 글자예요.

✦ 한자 어휘를 소리 내 읽어 보고 빈칸에 한자 어휘를 쓰세요.

水 력
힘 力

뜻 흐르거나 떨어지는 **물**의 힘.

예문 불어난 강물이 거센 ☐☐ 으로 배를 휩쓸어 갔다.

水 심
깊을 深

뜻 **물**의 깊이.

예문 ☐☐ 이 깊으니 조심하세요.

水 질
바탕 質

뜻 **물**의 성질.

예문 이 연못은 ☐☐ 이 나빠요.

水 경
거울 鏡

뜻 **물**안경.

예문 ☐☐ 을 쓰고 수영해요.

1 다음 글 안에 있는 한자의 뜻과 소리를 쓰세요.

물에 들어갈 때 **水**경을 끼는 것이 좋아.

뜻 _____

소리 _____

2 빈칸에 들어갈 한자 어휘에 ○ 하세요.

수돗물이 깨끗한지 확인하기 위해 ☐ 검사를 해요.

수질 음질

3 밑줄 친 부분의 뜻을 가진 한자 어휘를 찾아 선을 이으세요.

(1) 물의 힘으로 전기를 만드는 발전소에 견학 갔어요. •

• ㉠ 수심

(2) 여기는 물의 깊이가 아주 낮은 영유아 수영장이에요. •

• ㉡ 수력

어휘추론!

도움말 다른 하나는 '손 수(手)'를 써요.

4 다음 문장을 읽고 '水'가 쓰인 한자 어휘가 들어 있는 문장에 ✔ 하세요.

☐ ① 여름에 바닥 분수에서 놀면 정말 재미있어요.

☐ ② 늦게 일어나 아침에 세수를 할 시간도 없었어.

월   일

✦ 한자의 뜻과 소리를 읽어 보세요.

뜻   소리
나무 목

*'나무'의 뜻이 있어요.
*요일 중 하나인 '목요일'에 '木'을 써요.

나무의 뿌리와 가지의 모양을 본뜬 글자
예요.

✦ 한자 어휘를 소리 내 읽어 보고 빈칸에 한자 어휘를 쓰세요.

木 수
손 手

뜻 **나무**로 집을 짓거나 물건을 만드는 일이 직업인 사람.

예문 [|] 가 책상을 만들어요.

木 판
판목 版

뜻 인쇄를 위해 글이나 그림을 새긴 **나무** 판.

예문 팔만대장경은 고려의 [|] 인쇄술을 보여 줘요.

木 재
재목 材

뜻 **나무**로 된 재료.

예문 이 책상은 [|] 로 만들었어요.

木 기
그릇 器

뜻 **나무**로 만든 그릇.

예문 한 장인이 나무를 깎아 [|] 를 만들었어요.

1 다음 글 안에 있는 한자의 뜻과 소리를 쓰세요.

이 **木**기는 제사를 지낼 때 사용해요. 유명한 장인이 만든 것입니다.

(뜻) _____

(소리) _____

2 빈칸에 들어갈 한자 어휘를 글자 카드에서 찾아 만들어 쓰세요.

우리 삼촌은 나무로 집을 짓는 (　　　　　)입니다. 땀 흘려 집을 짓는 모습이 멋지답니다.

수　자　목

3 다음 뜻을 가진 한자 어휘를 초성을 참고하여 빈칸에 쓰세요.

(1) 인쇄를 위해 글이나 그림을 새긴 나무 판. ── ㅁ ㅍ

(2) 나무로 된 재료. ── ㅁ ㅈ

도움말 다른 하나는 '눈 목(目)'을 써요.

4 다음 문장을 읽고 '木'이 쓰인 한자 어휘가 들어 있는 있는 문장에 ✓ 하세요.

☐ ① 하루에 책 한 권 읽기를 올해 목표로 세웠다.

☐ ② 식목일에 가족들과 나무를 심고 나무에 이름을 붙여 줬어요.

1 다음 글 안에 있는 한자의 뜻과 소리를 쓰세요.

(1) 3**日** 후면 드디어 체험 학습을 가요! (   )

(2) 12**月**에는 크리스마스가 있어서 좋아요. (   )

(3) 백두산 천지는 **火**산 활동으로 만들어졌어요. (   )

(4) 우리 할아버지는 **木**기를 만드는 일을 하세요. (   )

(5) 여기는 **水**심이 깊어 어른들도 위험할 수 있어요. (   )

2 가로 열쇠, 세로 열쇠를 풀어 낱말 퍼즐을 완성하세요.

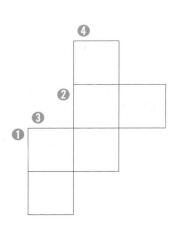

가로 열쇠

❶ **뜻** 날마다 **그날그날** 겪은 일이나 생각, 느낌을 적은 글.
예문 이순신 장군은 『난중○○』를 썼어요.

❷ **뜻** **불**이 나서 생기는 재앙.
예문 ○○로 집이 모두 타 버렸다.

세로 열쇠

❸ **뜻** **그날** 해야 할 일.
예문 여행 첫날 ○○을 박물관 관람으로 잡았다.

❹ **뜻** **불**을 끄는 기구.
예문 ○○○를 건물마다 비치해요.

3 <보기>의 글자 카드에서 알맞은 글자를 찾아 한자 어휘를 완성하세요.

> 보기
>
> 목   수   일   월   화

(1) 공장에서 나오는 더러운 물은 | | 질 | 을 오염시켜요.

(2) 이 과학 잡지는 한 달에 한 번씩 나오는 | | 간 | 잡지다.

(3) 이 한옥은 매우 좋은 나무로 만든 | | 재 | 건축물이에요.

4 빈칸에 들어갈 한자 어휘에 ○ 하세요.

(1) 사람들이 [   ]을 보기 위해 아침 일찍 모였어요. | 일출 | 일몰 |

(2) [   ]을 입을 수 있으니 뜨거운 물을 조심하세요. | 화장 | 화상 |

5 다음 글을 읽고 밑줄 친 한자 어휘 중 '日'이 쓰인 것을 모두 찾아 쓰세요.

> 제주도에 도착하니 오후 5시였다. 버스를 타고 호텔로 이동하는데 <u>일몰</u> 시간이었는지 하늘이 정말 아름다웠다. 우리가 묵을 호텔은 별이 다섯 개인 <u>일급</u> 호텔이다. 좋은 호텔에서 푹 자고 <u>내일</u>은 사려니숲길과 거문오름에 갈 계획이다.

(,   )

02 자연·2

✦ 한자의 뜻과 소리를 읽어 보세요.

뜻   소리

쇠   금

* '쇠, 금, 돈'의 뜻이 있어요.
* 요일 중 하나인 '금요일'에 '金'을 써요.
* '김씨'를 나타낼 때는 '성 김'으로 써요.

쇠를 녹이는 가마를 본떠 만든 글자로 쇠
와 금을 나타내요.

✦ 한자 어휘를 소리 내 읽어 보고 빈칸에 한자 어휘를 쓰세요.

金 속
붙일 屬

> 뜻   **쇠**와 **금**처럼 열과 전기를 잘 통과시키며 특유의 광이 있는 물질.
>
> 예문   우리나라는 일찍이 [　][　] 활자를 발명했어요.

金 동
구리 銅

> 뜻   **금**을 얇게 입힌 구리.
>
> 예문   [　][　] 불상이 매우 커요.

세 金
세금 稅

> 뜻   국가 또는 지방 공공 단체가 국민들에게 거두어들이는 **돈**.
>
> 예문   국민은 [　][　] 을 내야 하는 의무가 있다.

요 金
헤아릴 料

> 뜻   사물을 사용, 소비, 관람한 대가로 치르는 **돈**.
>
> 예문   전기 [　][　] 이 많이 올랐어요.

1 다음 글 안에 있는 한자의 뜻과 소리를 쓰세요.

이 문화재는 백제 시대에 사용한 **金**동대향로예요. 향을 피우는 작은 그릇이에요.

뜻 _____

소리 _____

2 빈칸에 들어갈 한자 어휘를 찾아 선을 이으세요.

(1) 나라에서는 국민이 낸 ☐으로 여러 일을 한다. • • ㉠ 세금

(2) 버스와 지하철을 탈 때는 교통 ☐을 내야 한다. • • ㉡ 요금

3 다음 한자 어휘의 알맞은 뜻에 ○ 하세요.

(1) | 금동 | (금 , 은)을 얇게 입힌 구리.

(2) | 금속 | (쇠 , 종이)와 금처럼 열과 전기를 잘 통과시키며 특유의 광이 있는 물질.

어휘추론!

도움말 다른 하나는 '금할 금(禁)'을 써요.

4 다음 문장을 읽고 '金'이 쓰인 한자 어휘가 들어 있는 문장에 ✓ 하세요.

☐ ① 이 문은 내일까지 사용을 <u>금지</u>합니다.

☐ ② 도둑들은 <u>금고</u>를 부수고 돈을 훔쳐 달아났다.

월   일

✦ 한자의 뜻과 소리를 읽어 보세요.

뜻   소리

흙   토

＊'흙, 땅'의 뜻이 있어요.
＊요일 중 하나인 '토요일'에 '土'를 써요.

땅 위에 흙이 쌓여 있는 모양을 본뜬 글자예요.

✦ 한자 어휘를 소리 내 읽어 보고 빈칸에 한자 어휘를 쓰세요.

土 기
그릇 器

뜻 **흙**으로 만든 그릇.

예문 빗살무늬 ☐☐ .

土 양
흙덩이 壤

뜻 식물이 자랄 수 있는 **흙**.

예문 ☐☐ 이 기름져서 농사가 잘된다.

土 종
씨 種

뜻 그 **땅**에서 나는 종자.

예문 ☐☐ 농산물을 먹읍시다.

농 土
농사 農

뜻 농사짓는 **땅**.

예문 넓은 ☐☐ 에서 농사를 짓다.

1 다음 글 안에 있는 한자의 뜻과 소리를 쓰세요.

좋은 土양에서 식물이 잘 자라요.

뜻 _____

소리 _____

2 빈칸에 들어갈 한자 어휘를 <보기>에서 찾아 쓰세요.

보기

| 농사 | 농토 | 토기 | 토종 |

(1) 이 가게는 이 지역에서 나는 (　　　　　) 채소로 피자를 만들어요.

(2) 버려진 땅을 (　　　　　)(으)로 만들어 농부들에게 나누어 준대요.

3 밑줄 친 부분의 뜻을 가진 한자 어휘에 ○ 하세요.

옛날 원시 시대 때는 <u>흙으로 만든 그릇</u>을 사용했어요.

| 석기 | 토기 |

도움말 다른 하나는 '칠 토(討)'를 써요.

4 다음 글을 읽고 '土'가 쓰인 한자 어휘를 찾아 번호를 쓰세요. (　　　　　)

서울 잠실에는 큰 ①토성이 있어요. 내년에 이 토성 옆에 아파트를 짓는대요. 동네 주민들은 이 문제에 대해 ②토론하기 위해 모였어요.

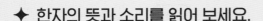

월   일

✦ 한자의 뜻과 소리를 읽어 보세요.

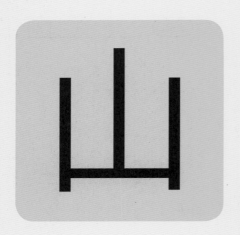

（뜻） （소리）
메 산

* '산'의 뜻이 있어요. '메'는 산을 이르는 옛말이에요.

나란히 서 있는 세 개의 산봉우리 모양을 본뜬 글자예요.

✦ 한자 어휘를 소리 내 읽어 보고 빈칸에 한자 어휘를 쓰세요.

山 성
재 城

뜻 **산**에 쌓은 성.

예문 높은 ▢▢ 을 쌓았다.

등 山
오를 登

뜻 **산**에 오름. 반 하산

예문 ▢▢ 은 할아버지의 오랜 취미예요.

광 山
쇳돌 鑛

뜻 광물을 캐내는 **산**.

예문 이곳은 한때 석탄을 캐던 ▢▢ 이었다.

山 수 화
물 水 그림 畵

뜻 **산**과 물이 어우러진 자연을 그린 그림.

예문 안견은 뛰어난 ▢▢▢ 작가예요.

1 다음 글 안에 있는 한자의 뜻과 소리를 쓰세요.

우리나라에서 가장 높은 山은 어디일까요?

(뜻) _____

(소리) _____

2 빈칸에 들어갈 한자 어휘에 ○ 하세요.

(1) ☐이 무너지면서 광부들이 갇혔다.

광산	광업

(2) 고모부는 아름다운 자연을 그리는 ☐ 작가예요.

산수화	초상화

3 밑줄 친 부분의 뜻을 가진 한자 어휘에 ○ 하세요.

주말에 아빠와 ①산에 올랐다. 그곳에는 다른 산에서는 볼 수 없는 게 있었다. 바로 ②산에 쌓은 성이었다. 옛날에 적의 침입을 막기 위해 쌓았다고 한다.

① | 등산 | 정상 |
|---|---|

② | 토성 | 산성 |
|---|---|

4 다음 한자 어휘 중 '山'이 쓰인 것에 ✓ 하세요.

☐ ① 하산 ➤ 산에서 내려오거나 내려감.

☐ ② 산책 ➤ 휴식, 건강을 위해 천천히 걷는 것.

✦ 한자의 뜻과 소리를 읽어 보세요.

天

(뜻) (소리)
하늘 천

*'하늘'의 뜻이 있어요.
*'타고나다, 천체'의 뜻도 있어요. '천체'
는 우주에 있는 모든 물체를 말해요.

사람 위에 펼쳐진 하늘을 나타낸 글자
예요.

✦ 한자 어휘를 소리 내 읽어 보고 빈칸에 한자 어휘를 쓰세요.

天 하
아래 下

(뜻) **하늘** 아래 온 세상, 또는 한 나라 전체.

(예문) 왕은 [ ][ ]를 통일한 후 자신을 황제라 칭하였다.

天 성
성품 性

(뜻) **타고난** 성품.

(예문) 할머니는 내 [ ][ ]이 착하다고 하셨어요.

*이 어휘에서는 '타고나다'의 뜻으로 써요.

天 재
재주 才

(뜻) **타고난** 재주나 재능을 가진 사람.

(예문) 내 친구는 축구 [ ][ ]예요.

*이 어휘에서는 '타고나다'의 뜻으로 써요.

天 동 설
움직일 動   말씀 說

(뜻) 모든 **천체**가 지구의 주위를 돈다는 설. (반) 지동설

(예문) 옛날 사람들은 [ ][ ][ ]을 믿었다.

*이 어휘에서는 '천체'의 뜻으로 써요.

1 다음 글 안에 있는 한자의 뜻과 소리를 쓰세요.

그는 **天**하를 다스리는 왕이 되었습니다.

뜻 _____

소리 _____

2 빈칸에 공통으로 들어갈 한자 어휘에 ○ 하세요.

사람들은 지구가 우주의 중심이라고 생각하는 [　　　]을 믿었다.
[　　　]은 천체가 지구 주위를 돈다는 주장이다.

천동설

지동설

3 밑줄 친 부분의 뜻을 가진 한자 어휘를 찾아 선을 이으세요.

(1) 내 동생은 <u>타고난 성품</u>이 느긋하지만 착해요. •

• ㉠ 천재

(2) 지민이는 춤에 <u>타고난 재주</u>가 있는 사람이에요. •

• ㉡ 천성

어휘추론!

도움말 다른 하나는 '샘 천(泉)'을 써요.

4 다음 문장을 읽고 '天'이 쓰인 한자 어휘가 들어 있는 문장에 ✓ 하세요.

[　] ① 함박눈이 <u>천지</u>를 뒤덮었어요.

[　] ② 할머니는 <u>온천</u> 여행을 좋아하세요.

✦ 한자의 뜻과 소리를 읽어 보세요.

地

(뜻) 땅   (소리) 지

* '땅'의 뜻이 있어요.

구불구불 이어지는 땅의 모습을 나타낸 글자예요.

✦ 한자 어휘를 소리 내 읽어 보고 빈칸에 한자 어휘를 쓰세요.

地 도 그림 圖

(뜻) **땅**의 모양을 기호로 그려 옮겨 놓은 것.

(예문) 세계 ☐☐ 에서 우리나라를 찾았어요.

地 진 우레 震

(뜻) **땅**이 흔들리는 현상.

(예문) 일본에서 큰 ☐☐ 이 발생했어요.

습 地 젖을 濕

(뜻) 습기가 많은 축축한 **땅**.

(예문) ☐☐ 에는 다양한 생물들이 살아요.

地 하 철 아래 下   쇠 鐵

(뜻) **땅**속에 있는 철도를 달리는 전동차.

(예문) 엄마는 ☐☐☐ 을 타고 회사에 가요.

1 다음 글 안에 있는 한자의 뜻과 소리를 쓰세요.

> 몇 호선을 타야 하는지 **地**하철 노선도를 살펴보자.

뜻 _____

소리 _____

2 빈칸에 공통으로 들어갈 한자 어휘를 초성을 참고하여 쓰세요.

- 아빠와 산에 가서 [　　　]을/를 보며 길을 찾았어요.
- 미세 먼지가 심한 지역을 [　　　]에 빨간색으로 표시했어요.

ㅈ | ㄷ

3 밑줄 친 부분의 뜻을 가진 한자 어휘에 ○ 하세요.

(1) 습기가 많은 축축한 땅에는 다양한 생물들이 산다.

습지 | 천지

(2) 갑자기 땅이 흔들려서 주민들이 급히 대피했습니다.

지대 | 지진

어휘 추론!

도움말 다른 하나는 '가질 지(持)'를 써요.

4 다음 문장을 읽고 '地'가 쓰인 한자 어휘가 들어 있는 문장에 ✔ 하세요.

[　] ① 강원도 일부 지역에 폭설 주의보가 내렸어요.

[　] ② ○○ 카드를 소지하고 있는 분들에게는 사은품을 드려요.

1 다음 글 안에 있는 한자의 뜻과 소리를 쓰세요.

(1) 우리 팀은 **天**하무적의 팀이었다.   (   )

(2) 저 **山**은 매우 높아서 오르기 힘들어요.   (   )

(3) **地**하철을 타고 가는 게 가장 빠를 거야.   (   )

(4) 이 박물관에는 **金**동으로 만들어진 유물이 많다.   (   )

(5) 공장이 생긴 뒤로 마을의 **土**양 오염이 심각해졌어요.   (   )

2 가로 열쇠, 세로 열쇠를 풀어 낱말 퍼즐을 완성하세요.

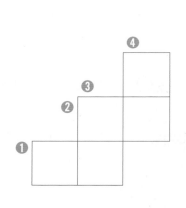

가로 열쇠

❶ 뜻 산에 쌓은 성.
예문 적의 침입을 막기 위해 ○○을 쌓았다.

❷ 뜻 **하늘**과 **땅**을 아울러 이르는 말.
예문 안개 때문에 ○○를 분간할 수 없었다.

세로 열쇠

❸ 뜻 **타고난** 성품.
예문 나는 ○○이 개미처럼 부지런하다.

❹ 뜻 습기가 많은 축축한 **땅**.
예문 개발로 파괴되는 ○○가 많아지고 있다.

3 다음 뜻과 예문에 맞는 한자 어휘를 글자판에서 찾아 묶으세요.

① 뜻 사물을 사용, 소비, 관람한 대가로 치르는 돈.
　예문 이번 달은 전화 ○○이 많이 나왔다.

② 뜻 **땅**이 흔들리는 현상.
　예문 ○○ 경보가 울려 사람들이 대피했다.

③ 뜻 그 **땅**에서 나는 종자.
　예문 진돗개는 한국의 ○○개라고 알려졌다.

④ 뜻 광물을 캐내는 **산**.
　예문 ○○에 갇힌 광부들이 9일 만에 구출되었다.

요	금	수	방
천	경	장	지
광	고	오	진
산	토	종	자

4 빈칸에 들어갈 한자 어휘를 <보기>에서 찾아 쓰세요.

보기

　　　　산수화　　　　천동설　　　　지하철

(1) 처음으로 혼자 (　　　　　　　)을/를 타고 도서관에 다녀왔어요.

(2) 17세기 사람들은 천체가 지구 주위를 돈다는 (　　　　　　　)을/를 믿었다.

(3) 조선 시대 화가 정선은 아름다운 경치를 그린 (　　　　　　　)을/를 많이 남겼다.

5 다음 대화를 읽고 밑줄 친 한자 어휘 중 '山'이 쓰인 것을 모두 찾아 쓰세요.

수지: 이 산은 너무 험해서 <u>등산</u>할 때 힘들 것 같아.

수영: 맞아. <u>하산</u>할 때 넘어질지도 몰라. 우리 그냥 <u>산책</u>이나 하자.

(　　　　　　, 　　　　　　)

03 배움·1

金　　土　　山　　天　　地

___　　___　　___　　___　　___

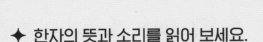

월   일

✦ **한자의 뜻과 소리를 읽어 보세요.**

뜻 소리
배울 학

* '배우다, 공부하다'의 뜻이 있어요.
* 어떤 분야의 지식을 의미하는 '학문'이라는 뜻도 있어요.

아이(子)가 무엇을 배우는 것을 나타낸 글자예요.

✦ **한자 어휘를 소리 내 읽어 보고 빈칸에 한자 어휘를 쓰세요.**

學習
익힐 習

> 뜻 **배우고** 익힘.
>
> 예문 오늘 ☐☐ 내용이 많아 힘들었다.

學비
쓸 費

> 뜻 **공부하는** 데 드는 비용.
>
> 예문 이 학교는 ☐☐가 많이 들어요.

學용품
쓸 用   물건 品

> 뜻 **공부하는** 데 쓰는 물건.
>
> 예문 새 학기에 사용할 ☐☐☐을 준비하자.

수**學**
셈 數

> 뜻 수에 관한 **학문**.
>
> 예문 ☐☐ 시간에 덧셈을 배웠어요.

* 이 어휘에서는 '학문'의 뜻으로 써요.

1 다음 글 안에 있는 한자의 뜻과 소리를 쓰세요.

새로 산 **學**용품에 이름을 썼어요.

뜻 _____

소리 _____

2 빈칸에 공통으로 들어갈 한자 어휘에 ○ 하세요.

- 온유는 ☐ 태도가 좋은 학생입니다.
- 오늘 수학 시간에 ☐ 한 내용은 받아올림이 있는 덧셈이다.

| 학습 |
| 학술 |

3 밑줄 친 부분의 뜻을 가진 한자 어휘에 ○ 하세요.

삼촌은 ①수에 관한 학문을 연구하는 사람이에요. 이번에 미국으로 유학을 가는데 ②공부하는 데 드는 비용이 걱정된다고 하셨어요.

①  수학　문학

② 학위　학비

4 다음 한자 어휘의 예문을 읽어 보고 뜻에 알맞은 말에 ○ 하세요.

학자

예문 허준 교수는 물리학 분야에서 유명한 학자입니다.

뜻 (학문 , 학급)을 연구하는 사람.

월   일

✦ 한자의 뜻과 소리를 읽어 보세요.

校

뜻   소리
학교 교

*'학교'의 뜻이 있어요.

나무(木)가 많은 학교를 나타낸 글자예요.

✦ 한자 어휘를 소리 내 읽어 보고 빈칸에 한자 어휘를 쓰세요.

校 가
노래 歌

뜻 **학교**를 상징하는 노래.

예문 입학식 때 처음으로 ☐☐ 를 들었어요.

校 문
문 門

뜻 **학교**의 문.

예문 아이들이 한꺼번에 ☐☐ 으로 나왔어요.

校 내
안 內

뜻 **학교**의 안.   교외

예문 ☐☐ 체육 대회가 내일 열립니다.

등 **校**
오를 登

뜻 학생이 **학교**에 감.   하교

예문 ☐☐ 시간은 오전 8시 30분이에요.

1 다음 글 안에 있는 한자의 뜻과 소리를 쓰세요.

할머니께서 **校**문 앞에서 나를 기다리고 계셨어요.

(뜻) _____

(소리) _____

2 빈칸에 들어갈 한자 어휘를 글자 카드에서 찾아 만들어 쓰세요.

선생님께서 (   )에서는 휴대 전화를 끄라고 하셨어. 우리 반이 꼭 지켜야 할 약속이지.

| 교 | 가 | 내 |

3 밑줄 친 부분의 뜻을 가진 한자 어휘에 ○ 하세요.

(1) 입학식 때 선생님께서 어떤 노래를 들려 주시며 <u>학교를 상징하는 노래</u>라고 하셨어요. 유명한 작곡가가 만들었다고 해요.

교구
교가

(2) 내일은 체험 학습을 가는 날이라 오전 8시 40분까지 <u>학교에 가야</u> 한다. 늦지 않게 가기 위해 일찍 잘 것이다.

등교
등산

어휘추론!

도움말 다른 하나는 '다리 교(橋)'를 써요.

4 다음 문장을 읽고 '校'가 쓰인 한자 어휘가 들어 있는 문장에 ✓ 하세요.

☐ ① 아빠가 <u>하교</u> 시간에 맞추어 저를 데리러 오셨어요.

☐ ② 학교에 갈 때 횡단보도 말고 <u>육교</u>를 이용하면 더 안전해요.

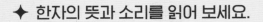

✦ 한자의 뜻과 소리를 읽어 보세요.

先

뜻 **먼저** 소리 **선**

* '먼저, 앞서다'의 뜻이 있어요.

한 발 먼저 나아가는 모습을 나타낸 글자예요.

✦ 한자 어휘를 소리 내 읽어 보고 빈칸에 한자 어휘를 쓰세요.

先 배
무리 輩

> 뜻 한 분야에서 지위, 나이 등이 **앞선** 사람. 같은 학교를 **먼저** 입학한 사람. 반 후배
>
> 예문 예성이 형은 동아리 ☐☐ 다.

先 두
머리 頭

> 뜻 행렬이나 무리의 맨 **앞**, 또는 맨 **앞**에 서는 사람.
>
> 예문 우리 팀 친구가 ☐☐ 로 나섰다.

先 공
칠 攻

> 뜻 운동 경기 등에서 **먼저** 공격하는 일.
>
> 예문 백팀의 ☐☐ 으로 경기가 시작되었다.

先 발 대
필 發   무리 隊

> 뜻 **먼저** 출발하는 무리. 반 후발대
>
> 예문 5명의 ☐☐☐ 를 현장에 보냈다.

1 다음 글 안에 있는 한자의 뜻과 소리를 쓰세요.

졸업하는 **先**배들에게 후배들이 꽃다발을 전달했어요.

뜻 _____

소리 _____

2 빈칸에 들어갈 한자 어휘를 초성을 참고하여 쓰세요.

우리 팀은 이틀 전에 답사를 위해 [   ]을/를 10명 보냈다.

ㅅ	ㅂ	ㄷ

3 밑줄 친 부분의 뜻을 가진 한자 어휘에 ○ 하세요.

(1) 오늘 <u>먼저 공격하는</u> 팀은 GB 스포츠 팀이었다.

선공	후공

(2) 우리나라 선수가 마라톤 경기에서 <u>맨 앞으로</u> 나섰다.

몰두	선두

4 밑줄 친 한자 어휘에 유의하여 다음 글을 읽고 바르게 말한 친구를 고르세요.　　（　　　）

소이의 일기

어제 엄마와 청주에 있는 유명한 치킨 집에 갔다. 맛집답게 사람이 무척 많았다. 뭘 먹을까 메뉴판을 보는데 메뉴판에 '<u>선불</u>입니다.'라고 적혀 있었다.

① 윤찬: 소이가 간 식당은 음식을 다 먹고 나중에 계산하는 식당이야.
② 민하: 소이가 간 식당은 음식이 나오기 전에 먼저 계산하는 식당이야.

✦ 한자의 뜻과 소리를 읽어 보세요.

生

(뜻) (소리)
날 생

* '태어나다, 살다'의 뜻이 있어요.

새싹이 돋아나는 모습처럼 무엇이 태어 나는 것을 나타낸 글자예요.

✦ 한자 어휘를 소리 내 읽어 보고 빈칸에 한자 어휘를 쓰세요.

生 일
날 日

(뜻) **태어난** 날.

(예문) 엄마에게 ☐☐ 선물로 책을 받았어요.

生 존
있을 存

(뜻) **살아** 있음, 또는 살아남음.

(예문) 증조할아버지께서 ☐☐ 해 계세요.

生 화
꽃 花

(뜻) **살아** 있는 나무나 풀에서 꺾은 진짜 꽃.   (반) 조화

(예문) ☐☐ 로 만든 꽃다발.

生 동 감
움직일 動   느낄 感

(뜻) **살아** 움직이는 듯한 느낌.

(예문) ☐☐☐ 넘치는 모습이 인상적이야.

1 다음 글 안에 있는 한자의 뜻과 소리를 쓰세요.

生화로 만든 꽃바구니를 선물받았어요.

뜻 _____

소리 _____

2 빈칸에 들어갈 한자 어휘를 글자 카드에서 찾아 만들어 쓰세요.

뉴스에서 실종자 2명이 (   )해 있다는
소식이 전해졌다. 많은 사람들이 기뻐했다.

상　　생　　존

3 밑줄 친 부분의 뜻을 가진 한자 어휘에 ○ 하세요.

(1) 내일은 내가 <u>태어난</u> 날! 파티를 할 거야!

매일　|　생일

(2) 그림 속 인물이 <u>살아 움직이는</u> 듯한 느낌이 들어요.

생동감　|　긴장감

4 다음 한자 어휘의 예문을 읽어 보고 뜻에 알맞은 말에 ○ 하세요.

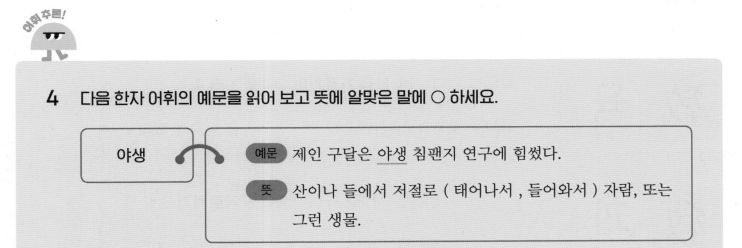

야생

예문 제인 구달은 <u>야생</u> 침팬지 연구에 힘썼다.

뜻 산이나 들에서 저절로 (태어나서 , 들어와서) 자람, 또는
그런 생물.

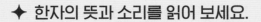

월   일

✦ 한자의 뜻과 소리를 읽어 보세요.

教

(뜻) (소리)

가르칠 교

* '가르치다'의 뜻이 있어요.

선생님이 막대기를 들고 가르치는 모습을 나타낸 글자예요.

✦ 한자 어휘를 소리 내 읽어 보고 빈칸에 한자 어휘를 쓰세요.

教 탁
높을 卓

(뜻) 학교에서 교사가 학생들을 **가르칠 때** 사용하기 위해 교단 앞에 놓은 탁자.

(예문) 선생님께서 ☐☐ 앞에 서 계세요.

教 실
집 室

(뜻) 학교에서 아이들을 **가르치는** 방.

(예문) 2학년 1반 ☐☐ 이 어디야?

教 육
기를 育

(뜻) 지식, 기술 등을 **가르치며** 인격을 길러 줌.

(예문) 초등학생이라면 의무 ☐☐ 을 받을 수 있다.

教 과 서
과목 科   글 書

(뜻) 학교에서 어떤 과목을 **가르치기** 위한 책.

(예문) 국어 ☐☐☐ 를 새로 받았다.

1 다음 글 안에 있는 한자의 뜻과 소리를 쓰세요.

教탁 위에 교과서가 쌓여 있었다.

뜻 _____

소리 _____

2 빈칸에 들어갈 한자 어휘를 <보기>에서 찾아 쓰세요.

보기

| 교실 | 교칙 | 교육 | 교장 |

학교에서 게임 중독 예방 (   )을 받았어요. 장소는 2학년 3반 (   )이었어요. 선생님은 하루에 게임을 하는 시간을 정해서 하는 것이 중요하다고 하셨어요. 그리고 운동 같은 다른 취미를 가져 보는 것을 추천해 주셨어요.

3 다음 사물이 한 말을 읽고 알맞은 답을 쓰세요.

나는 무엇일까?
나는 학교에서 어떤 과목을 가르치기 위한 책이야.

(   )

어휘추론!

4 다음 한자 어휘 중 '教'가 쓰인 것에 ✔ 하세요.

☐ ① 교구 ➡ 효과적으로 가르치고 배우게 하기 위해 사용하는 도구.

☐ ② 비교 ➡ 둘 이상의 것을 함께 놓고 어떤 점이 같고 다른지 살펴봄.

Day 11~15 다지기

1 다음 글 안에 있는 한자의 뜻과 소리를 쓰세요.

> **學校**에 가면 즐겁다. 우리 반 **敎**실에 가면 선생님도 계시고, 친구들도 있다. **先生**님의 수업은 언제나 재미있다. 나는 급식 시간도 늘 기다려진다. 오늘은 어떤 메뉴가 나올지 기대된다.

(1) **學** (   )   (2) **校** (   )

(3) **敎** (   )   (4) **先** (   )

(5) **生** (   )

2 다음 뜻과 예문에 맞는 한자 어휘를 초성을 참고하여 쓰세요.

(1)

ㅎ	ㅂ

뜻 **공부하는** 데 드는 비용.
예문 이 유치원은 ○○가 아주 비싼 곳이다.

(2)

ㄱ	ㄴ

뜻 **학교의** 안.
예문 안전사고에 대한 ○○ 방송이 시작되었다.

(3)

ㅅ	ㄷ

뜻 행렬이나 무리의 맨 **앞.**
예문 우리나라 선수가 ○○에서 달리고 있어.

(4)

ㅅ	ㅈ

뜻 **살아** 있음, 또는 살아남음.
예문 환경 오염은 인류의 ○○을 위협한다.

(5)

ㄱ	ㅇ

뜻 지식, 기술 등을 **가르치며** 인격을 길러 줌.
예문 수영장으로 생존 수영 ○○을 받으러 가요.

3 <보기>의 글자 카드에서 알맞은 글자를 찾아 한자 어휘를 완성하세요.

<보기>

| 교 | 배 | 과 | 동 | 선 | 생 |

(1) 벚꽃 축제가 시작되니 도시에 [　][　] **감** 이 넘쳐요.

(2) 옆집 형은 작년에 우리 초등학교를 졸업한 [　][　] 입니다.

(3) 수업이 시작되면 책상 서랍에서 [　][　] **서** 를 꺼내야 해.

4 빈칸에 들어갈 한자 어휘에 ○ 하세요.

(1) 나는 학교와 집이 멀어 [　] 하는 데 오래 걸려.

| 등교 | 등분 |

(2) 친구 타일러는 외국어 [　] 능력이 뛰어나요.

| 수습 | 학습 |

5 한자 어휘의 뜻을 읽어 보고 빈칸에 공통으로 들어갈 글자를 쓰세요.

- [　]발대: 먼저 출발하는 무리.
- [　]공: 운동 경기 등에서 먼저 공격하는 일.
- [　]불: 일이 끝나기 전이나 물건을 받기 전에 미리 돈을 치름.

(　　　)

04 가족·1

지난주의 한자 배운 한자를 떠올리며 빈칸에 뜻과 소리를 쓰세요.

學　校　先　生　教

___　___　___　___　___

월   일

✦ 한자의 뜻과 소리를 읽어 보세요.

父

뜻 **소리**
아버지 **부**

＊'아버지'의 뜻이 있어요.

돌도끼를 들고 있는 아버지의 모습을 나
타낸 글자예요.

✦ 한자 어휘를 소리 내 읽어 보고 빈칸에 한자 어휘를 쓰세요.

父 녀
여자 女

뜻 **아버지**와 딸.

예문 그 ☐☐ 는 사이가 좋아 보여.

父 자
아들 子

뜻 **아버지**와 아들.

예문 태오와 태오 아빠는 ☐☐ 사이다.

父 친
친할 親

뜻 **아버지**를 높여 이르는 말. **반** 모친

예문 ☐☐ 의 말씀을 따라 유학을 가게 되었어요.

父 계
맬 系

뜻 **아버지** 쪽의 핏줄 계통. **반** 모계

예문 조선은 철저한 ☐☐ 중심 사회였다.

1 다음 글 안에 있는 한자의 뜻과 소리를 쓰세요.

> 어떤 분이 저에게 이렇게 물어보셨어요.
> "父친의 성함이 어떻게 되지요?"

뜻 _____

소리 _____

2 빈칸에 들어갈 한자 어휘에 ○ 하세요.

> 주말에 다큐멘터리를 봤다. 어떤 아프리카 부족에 관한 이야기였다.
> 그 부족은 아버지의 권위가 아주 센 ☐ 사회였다.

부계

모계

3 밑줄 친 부분의 뜻을 가진 한자 어휘를 찾아 선을 이으세요.

(1) 그 아빠와 딸은 눈이 꼭 닮았어. •

• ㉠ 부녀

(2) 아빠와 아들이 함께 신는 커플 운동화가 유행이다. •

• ㉡ 부자

4 다음 한자 어휘의 예문을 읽어 보고 뜻에 알맞은 말에 ○ 하세요.

부전자전

예문 부전자전이라더니 아들과 남편은 잠자는 모습도 닮았다.

뜻 (아버지 , 어머니)의 성격이나 버릇을 아들이 닮는 것.

✦ 한자의 뜻과 소리를 읽어 보세요.

뜻 **소리**

어머니 모

* '어머니'의 뜻이 있어요.
* '근본'의 뜻도 있어요.

아기에게 젖을 먹이는 어머니의 모습을
본뜬 글자예요.

✦ 한자 어휘를 소리 내 읽어 보고 빈칸에 한자 어휘를 쓰세요.

부 母
아버지 父

뜻 아버지와 **어머니**.

예문 그는 ☐☐ 에게 막대한 유산을 물려받았다.

母 계
맬 系

뜻 **어머니** 쪽의 핏줄 계통. **반** 부계

예문 그의 큰 키는 ☐☐ 쪽을 닮았다.

母 음
소리 音

뜻 'ㅏ, ㅑ, ㅓ, ㅕ' 등과 같은 **근본**이 되는 소리.

예문 글자 '바'는 자음 'ㅂ'과 ☐☐ 'ㅏ'를 결합해 만들었다.

* 이 어휘에서는 '근본'의 뜻으로 써요.

母 교
학교 校

뜻 나의 **근본**이 있는 학교. 자기가 다니거나 졸업한 학교.

예문 오랜만에 아빠는 ☐☐ 를 찾아가셨어요.

* 이 어휘에서는 '근본'의 뜻으로 써요.

---

1 다음 글 안에 있는 한자의 뜻과 소리를 쓰세요.

> 늘 부**母**님의 은혜를 기억합시다.

(뜻) _____

(소리) _____

2 빈칸에 들어갈 한자 어휘에 ○ 하세요.

(1) 원시 시대에는 아이를 낳은 어머니가 중심이 되는 사회였다. 이런 어머니 쪽 혈통이 이어지는 사회를 [ ] 사회라고 한다.

부계
⋯⋯⋯
모계

(2) 축수 선수 나잘차는 [ ] 후배들을 위해 장학금을 기부했어요. 많은 사람들이 그의 행동에 박수를 보냈어요.

모교
⋯⋯⋯
절교

3 퀴즈를 읽고 알맞은 답을 쓰세요.

> 우리는 누구일까?
> 우리는 '근본이 되는 소리'라는 의미를 갖고 있어. 우리는 자음을 만나 글자가 되지.

(_____)

어휘추론!

도움말 다른 하나는 '본뜰 모(模)'를 써요.

4 다음 문장을 읽고 '母'가 쓰인 한자 어휘가 들어 있는 문장에 ✔ 하세요.

[ ] ① 광복절을 기념해 해외 동포들이 <u>모국</u>을 방문했어요.

[ ] ② 선생님께서 오늘 우리 모둠을 <u>모범</u> 모둠으로 뽑아 주셨어요.

✦ 한자의 뜻과 소리를 읽어 보세요.

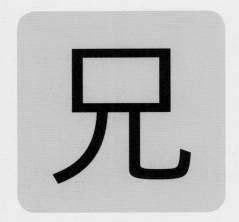

兄

뜻 소리
형 형

* '형, 언니'의 뜻이 있어요.

아우를 말(口)로 타이르고 지도하는 형을
나타낸 글자예요.

✦ 한자 어휘를 소리 내 읽어 보고 빈칸에 한자 어휘를 쓰세요.

兄 제
아우 弟

> 뜻   **형**과 아우.
>
> 예문   그 고깃집은 [   ][   ] 가 함께 운영해요.

兄 수
형수 嫂

> 뜻   **형**의 아내를 이르는 말.
>
> 예문   삼촌은 우리 엄마를 [   ][   ] 님이라고 불러요.

친 兄
친할 親

> 뜻   같은 부모에게서 난 **형**.
>
> 예문   아빠에게는 [   ][   ] 처럼 가까운 선배가 있어요.

兄 부
지아비 夫

> 뜻   **언니**의 남편을 이르거나 부르는 말.
>
> 예문   엄마는 큰이모부를 [   ][   ] 라고 불러요.

1 다음 글 안에 있는 한자의 뜻과 소리를 쓰세요.

나에게는 듬직한 친兄 둘이 있다.

뜻 _____

소리 _____

2 빈칸에 들어갈 한자 어휘를 <보기>에서 찾아 쓰세요.

보기

형수	처형	형부	매형

한자를 배우고 나니 왜 작은아빠가 우리 엄마를 (   )님이라고 부르는지, 왜 우리 엄마는 큰이모부를 (   )(이)라고 부르는지 알게 되었다.

3 밑줄 친 부분의 뜻을 가진 한자 어휘에 ○ 하세요.

부모님께서는 우리에게 형과 아우끼리 사이좋게 지내야 한다고 늘 말씀하셨습니다.

우애
━━━━━
형제

어휘추론!

도움말 다른 하나는 '모양 형(形)'을 써요.

4 다음 문장을 읽고 '兄'이 쓰인 한자 어휘가 들어 있는 문장에 ✔ 하세요.

☐ ① 수학 시간에 도형 그리기를 했다.

☐ ② 결승전에서 만난 두 선수는 난형난제의 실력을 가지고 있었다.

✦ 한자의 뜻과 소리를 읽어 보세요.

弟

뜻 아우 소리 제

*'아우'의 뜻이 있어요. '아우'는 남동생
 을 이르는 말이에요.
*'제자'의 뜻도 있어요.

형 아래에 동생이 차례대로 있는 것을
나타낸 글자예요.

✦ 한자 어휘를 소리 내 읽어 보고 빈칸에 한자 어휘를 쓰세요.

친 형 弟
친할 親   형 兄

뜻 같은 부모에게서 난 형과 **아우**.

예문 주원이와 주혁이는 [ ][ ][ ]다.

의 형 弟
옳을 義   형 兄

뜻 의로 맺은 형과 **아우**.

예문 두 사람은 [ ][ ][ ]를 맺기로 했어요.

弟 자
아들 子

*이 어휘에서는 '제자'의 뜻으로 써요.

뜻 **제자**. 스승의 가르침을 받는 사람.

예문 선생님은 [ ][ ]들을 소중하게 생각하세요.

사 弟
스승 師

*이 어휘에서는 '제자'의 뜻으로 써요.

뜻 스승과 **제자**를 아울러 이르는 말.

예문 선생님과 저희들은 [ ][ ] 관계입니다.

1 다음 글 안에 있는 한자의 뜻과 소리를 쓰세요.

드라마의 두 주인공이 친형**弟**라는 게 밝혀졌다.

(뜻) _____

(소리) _____

2 빈칸에 들어갈 한자 어휘에 ○ 하세요.

(1) 교장 선생님인 할머니는 [ ]가 많아요.

| 제자 | 제지 |

(2) 우리는 태권도 선생님과 [ ] 관계입니다.

| 사제 | 자제 |

3 밑줄 친 부분의 뜻을 가진 한자 어휘를 초성을 참고하여 빈칸에 쓰세요.

『삼국지』에서 유비, 관우, 장비는 <u>의로 맺은 형과 아우</u> 관계예요. 셋은 친형제는 아니지만 서로 믿고 의지했답니다.

| ㅇ | ㅎ | ㅈ |

4 다음 한자 어휘 중 '**弟**'가 쓰인 것에 ✓ 하세요.

[ ] ① 기우제 ➡ 비가 내리기를 기원하면서 지내는 제사.

[ ] ② 수제자 ➡ 여러 제자 가운데 배움이 가장 뛰어난 제자.

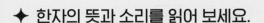

월   일

✦ 한자의 뜻과 소리를 읽어 보세요.

뜻 소리
마디 촌

* '마디, 짧다'의 뜻이 있어요.
* '촌수'의 뜻도 있어요.

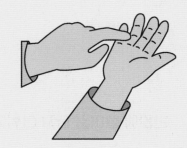

손의 모양을 본떠 손가락 한 마디를 나타 낸 글자예요.

✦ 한자 어휘를 소리 내 읽어 보고 빈칸에 한자 어휘를 쓰세요.

寸 각
새길 刻

뜻 매우 **짧은** 시간.

예문 그 문제는 ☐☐ 을 다투는 중요한 문제다.

寸 극
심할 劇

뜻 아주 **짧은** 연극.

예문 학교에서 모둠별로 ☐☐ 공연을 했다.

寸 수
셈 數

뜻 **촌수**. 친척 사이의 멀고 가까운 관계를 나타내는 수.

예문 우리는 ☐☐ 가 가까워요.

* 이 어휘에서는 '촌수'의 뜻으로 써요.

삼 寸
석 三

뜻 세 **촌수**인 친인척. 아버지의 형제를 이르거나 부르는 말.

예문 나는 ☐☐ 이 두 분 계세요.

* 이 어휘에서는 '촌수'의 뜻으로 써요.

1 다음 글 안에 있는 한자의 뜻과 소리를 쓰세요.

명절을 맞이해 **寸**수에 대해서 배웠어요.

(뜻) _____

(소리) _____

2 빈칸에 공통으로 들어갈 한자 어휘에 ○ 하세요.

아버지의 남동생을 [　　] 이라고 불러요. 나는 주
말이면 [　　] 과 축구도 하고, 영화도 보러 가요.

삼촌
- - - - - - -
오촌

3 다음 한자 어휘의 알맞은 뜻에 ○ 하세요.

(1) 촌각 　　　　매우 (짧은 , 긴) 시간.

(2) 촌극 　　　　아주 (짧은 , 재밌는) 연극.

도움말 다른 하나는 '마을 촌(村)'을 써요.

4 다음 문장을 읽고 '寸'이 쓰인 한자 어휘가 들어 있는 문장에 ✔ 하세요.

[　] ① 나는 사촌 형과 누나가 한 명씩 있어요.

[　] ② 아버지의 고향은 도시에서 멀리 떨어진 어촌이다.

Day 16~20 다지기

1 다음 글 안에 있는 한자의 뜻과 소리를 쓰세요.

> 저는 **兄弟**가 없습니다. 가끔은 형이나 동생과 노는 친구들이 부럽긴 해요. 그래도 저와 잘 놀아 주는 **父母**님이 있어서 좋아요. 그리고 저는 사**寸** 형과 누나가 한 명씩 있어요. 만날 때마다 같이 책도 읽고 게임도 해요.

(1) **兄** (   )   (2) **弟** (   )

(3) **父** (   )   (4) **母** (   )

(5) **寸** (   )

2 <보기>의 글자 카드에서 알맞은 글자를 찾아 한자 어휘를 완성하세요.

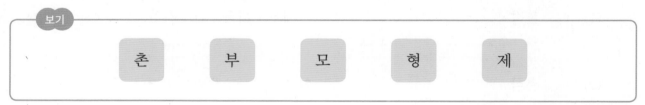

보기

| 촌 | 부 | 모 | 형 | 제 |

(1) 응급실은 [ ] **각** 을 다투는 상황이 많아요.

    ↳ 매우 **짧은** 시간.

(2) 엄마와 아빠는 같은 고등학교를 졸업해서 [ ] **교** 가 같아요.

           ↳ 나의 **근본**이 있는 학교. 자기가 다니거나 졸업한 학교.

(3) [ ] **전** **자** **전** 이라더니 아들이 남편을 닮아 참 착하다.

    ↳ **아버지**의 성격이나 버릇을 아들이 닮는 것.

3 가로 열쇠, 세로 열쇠를 풀어 낱말 퍼즐을 완성하세요.

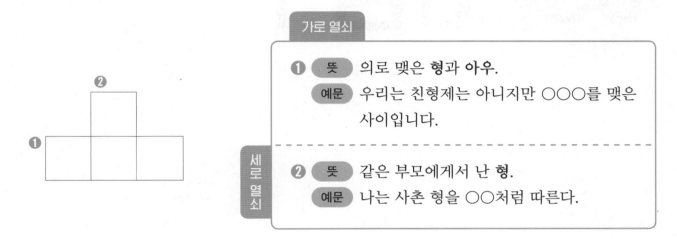

가로 열쇠

❶ **뜻** 의로 맺은 **형**과 **아우**.
예문 우리는 친형제는 아니지만 ○○○를 맺은 사이입니다.

세로 열쇠

❷ **뜻** 같은 부모에게서 난 **형**.
예문 나는 사촌 형을 ○○처럼 따른다.

4 빈칸에 들어갈 한자 어휘에 ○ 하세요.

(1) 아빠와 여동생은 친구 같은 ☐ 사이다.

| 부녀 | 모녀 |

(2) 아버지의 남동생을 ☐ 이라고 부릅니다.

| 사촌 | 삼촌 |

5 다음 문장을 읽고 '母'가 쓰인 한자 어휘가 들어 있는 문장을 모두 고르세요. (　　　,　　　)

① 자음과 <u>모음</u>을 합쳐서 글자를 만들어요.

② 해외 동포들이 50년 만에 <u>모국</u>에 방문했어요.

③ 나는 이번 달에 친구를 많이 도와주었다고 <u>모범상</u>을 받았어요.

05 사람·1

父　　母　　兄　　弟　　寸

_____　_____　_____　_____　_____

월 　 일

✦ 한자의 뜻과 소리를 읽어 보세요.

（뜻） （소리）
사람 인

* '사람, 인간'의 뜻이 있어요.

서 있는 사람의 모습을 본뜬 글자예요.

✦ 한자 어휘를 소리 내 읽어 보고 빈칸에 한자 어휘를 쓰세요.

人 구
입 口

뜻 일정한 지역에 사는 **사람**의 수.

예문 농촌  가 점점 감소하고 있어요.

人 기
기운 氣

뜻 많은 **사람**들의 관심이나 좋아하는 기운.

예문 나는 　　　　 많은 연예인이 될 거야.

人 체
몸 體

뜻 **사람**의 몸.

예문 이 의자는  에 적합하게 디자인되었다.

人 권
권세 權

뜻 **인간**이 갖는 기본적 권리.

예문 개인의 　　　　 을 존중하는 사회가 건강한 사회입니다.

1 다음 글 안에 있는 한자의 뜻과 소리를 쓰세요.

> 우리나라의 **人**구가 점점 줄어들고 있습니다.

(뜻) _____

(소리) _____

2 빈칸에 들어갈 한자 어휘를 글자 카드에서 찾아 만들어 쓰세요.

(1) 이 동화는 어린이들 사이에서 (　　　　) 이/가 많습니다.

| 기 | 서 | 인 |

(2) 일부 수입 농산물에서 (　　　　)에 해로운 성분이 나왔다고 밝혀졌다.

| 인 | 소 | 체 |

3 밑줄 친 부분의 뜻을 가진 한자 어휘에 ○ 하세요.

> <u>인간이 갖는 기본적 권리</u>는 절대 침해되어서는 안 됩니다.

| 인권 | 인정 |

도움말 다른 하나는 '인할 인(因)'을 써요.

4 다음 문장을 읽고 '人'이 쓰인 한자 어휘가 들어 있는 문장에 ✔ 하세요.

☐ ① 짧은 글을 읽고 <u>인과</u> 관계를 파악해 봅시다.

☐ ② 날씨가 추워지니 거리에 <u>행인</u>의 발길이 뜸해졌다.

✦ 한자의 뜻과 소리를 읽어 보세요.

女

(뜻) (소리)
여자 녀(여)

* '여자, 딸'의 뜻이 있어요.
* '녀'는 맨 앞에 오면 '여'로 읽고 써요.

여자의 모습을 나타낸 글자예요.

✦ 한자 어휘를 소리 내 읽어 보고 빈칸에 한자 어휘를 쓰세요.

女 아
아이 兒

(뜻) **여자**인 아이   (반) 남아

(예문) 이모는 건강한 [   ][   ] 를 낳았어요.

女 왕
임금 王

(뜻) **여자** 임금.

(예문) 신라의 선덕 [   ][   ] 은 많은 업적을 남겼다.

女 우
넉넉할 優

(뜻) **여자** 배우.   (반) 남우

(예문) 내 꿈은 배우가 되어 [   ][   ] 주연상을 타는 거예요.

효 女
효도 孝

(뜻) 부모를 잘 섬기는 **딸**.

(예문) [   ][   ] 심청은 아버지를 위해 인당수에 몸을 던졌다.

1 다음 글 안에 있는 한자의 뜻과 소리를 쓰세요.

> 이효심 씨는 어머니를 지극정성으로 모시고 사는 효**女**로 소문이 났다.

(뜻) _____

(소리) _____

2 빈칸에 들어갈 한자 어휘에 ○ 하세요.

> 여자 배우 전수연 씨가 세계적인 국제 영화제에서 [   ] 주연상을 받았어요. 국민 모두 기뻐하고 축하를 보냈어요.

여우
- - - - -
남우

3 밑줄 친 부분의 뜻을 가진 있는 한자 어휘를 초성을 참고해 쓰세요.

(1) 신라 시대에는 세 명의 여자 임금이 있었어요.

ㅇ	ㅇ

(2) 한 대학생이 차도에 뛰어든 여자 아이를 구했다.

ㅇ	ㅇ

어휘 추트!

도움말 다른 하나는 '나그네 려(여(旅))'를 써요.

4 다음 문장을 읽고 '女'가 쓰인 한자 어휘가 들어 있는 문장에 ✓ 하세요.

[ ] ① 할아버지는 다음 달부터 세계 여행을 떠나신대요.

[ ] ② 이모는 여군 시험에 합격하기 위해 체력 훈련을 하고 있어요.

월   일

✦ 한자의 뜻과 소리를 읽어 보세요.

男

뜻 사내 소리 남

* '남자, 아들'의 뜻이 있어요.

밭(田)에서 힘써(力) 일하는 사내의 모습을 나타낸 글자예요.

✦ 한자 어휘를 소리 내 읽어 보고 빈칸에 한자 어휘를 쓰세요.

男 녀
여자 女

뜻 **남자**와 여자.

예문 우리 반은 [ ][ ]가 딱 반반이다.

男 아
아이 兒

뜻 **남자**인 아이. 반 여아

예문 이 장난감은 5세 [ ][ ]를 대상으로 만들었어요.

男 매
누이 妹

뜻 한 부모가 낳은 **남자**와 여자 형제. 오빠와 여동생. 비 오누이

예문 우리는 나와 형, 여동생 이렇게 삼 [ ][ ]다.

장 男
긴 長

뜻 맏(첫째)**아들**.

예문 부모님은 우리 집 [ ][ ]인 큰오빠에게 거는 기대가 크다.

1 다음 글 안에 있는 한자의 뜻과 소리를 쓰세요.

전통 사회에서는 장**男**이 집안에서 중요한 역할을 했어요.

뜻 _____

소리 _____

2 빈칸에 들어갈 한자 어휘에 ○ 하세요.

(1) 일반적으로 ☐는 사춘기가 되면 수염이 나고 목소리도 굵어진다.

남아	모녀

(2) 이 가게는 맏아들인 ☐이/가 부모님께 물려받아 운영하는 곳이다.

장남	장녀

3 밑줄 친 부분의 뜻을 가진 한자 어휘를 찾아 선을 이으세요.

(1) 이 화장품은 <u>남자와 여자</u>가 모두 사용할 수 있는 제품이다. •

• ㉠ 남녀

(2) 친구인 줄 알았던 민호와 민아가 <u>오빠와 여동생</u> 사이였다. •

• ㉡ 남매

어휘 추론!

도움말 다른 하나는 '남녘 남(南)'을 써요.

4 다음 문장을 읽고 '男'이 쓰인 한자 어휘가 들어 있는 문장에 ✓ 하세요.

☐ ① <u>남향</u>으로 지은 집은 햇살이 들어 따뜻하다.

☐ ② 이 셔츠는 50대 <u>남성</u>에게 어울리는 옷이다.

월   일

✦ 한자의 뜻과 소리를 읽어 보세요.

子

(뜻) (소리)
아들 자

* '아들, 자식'의 뜻이 있어요.

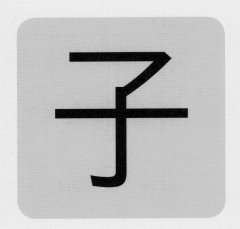

포대기에 싸여 있는 아이의 모습을 본뜬 글자예요.

✦ 한자 어휘를 소리 내 읽어 보고 빈칸에 한자 어휘를 쓰세요.

왕 子
임금 王

(뜻) 임금의 **아들**.

(예문) 여기는 낙랑 공주와 호동 ☐☐ 의 전설이 전해져요.

모 子
어미 母

(뜻) 어머니와 **아들**.

(예문) 저 ☐☐ 는 사이가 좋아 대화를 자주 한다.

子 녀
여자 女

(뜻) **아들**과 딸.

(예문) 이 전시회는 부모와 ☐☐ 가 함께 보면 좋아요.

子 손
손자 孫

(뜻) **자식**과 손자. 여러 세대가 지난 뒤의 자녀를 이르는 말.

(예문) 할머니의 ☐☐ 은 아들 둘에 손자 네 명이 있다.

1 다음 한자 어휘 안에 있는 한자의 뜻과 소리를 쓰세요.

부子 관계   모子 관계

뜻 ＿＿＿＿＿＿＿

소리 ＿＿＿＿＿＿＿

2 빈칸에 들어갈 한자 어휘를 <보기>에서 찾아 쓰세요.

보기

| 모자 | 자손 | 부친 | 왕자 |

(1) 임금의 뒤를 이을 (　　　　　)이/가 태어났다.

(2) 할머니는 (　　　　　)들에게 유언을 남긴 뒤 돌아가셨어요.

(3) 엄마가 아들을 오해한 뒤로 (　　　　　) 사이가 어색해졌어요.

3 밑줄 친 부분의 뜻을 가진 한자 어휘에 ○ 하세요.

부모는 아들과 딸의 교육을 위해 많은 노력을 합니다.

| 자녀 | 부계 |

어휘추론!

4 다음 한자 어휘 중 '子'가 쓰인 것에 ✔ 하세요.

[　] ① 효자 ➤ 부모를 잘 섬기는 아들.

[　] ② 자동 ➤ 기계 등이 일정한 장치에 의해 스스로 작동함.

월   일

✦ 한자의 뜻과 소리를 읽어 보세요.

뜻   소리
마음 심

＊'마음'의 뜻이 있어요.
＊'가운데'의 뜻도 있어요.

심장의 모양을 본떠 마음이나 감정을 나타낸 글자예요.

✦ 한자 어휘를 소리 내 읽어 보고 빈칸에 한자 어휘를 쓰세요.

결 心
결단할 決

뜻   어떻게 하기로 굳게 **마음**을 정함, 또는 그런 **마음**.

예문   나는 내일부터 일찍 일어나기로 ☐☐ 을 했어요.

관 心
관계할 關

뜻   어떤 것에 **마음**이 끌려 주의를 기울임, 또는 그런 **마음**.

예문   나는 요리에 ☐☐ 이 생겼어요.

心 신
몸 身

뜻   **마음**과 몸.

예문   ☐☐ 이 편안한 하루를 보내십시오.

중 心
가운데 中

뜻   **한가운데**. 가장 중요한 부분.

예문   양궁 선수가 쏜 화살이 과녁 ☐☐ 을 뚫었다.

＊이 어휘에서는 '가운데'의 뜻으로 써요.

1 다음 글 안에 있는 한자의 뜻과 소리를 쓰세요.

오늘 이 책을 다 읽겠다고 결心했어요.

뜻 _____

소리 _____

2 빈칸에 들어갈 한자 어휘에 ○ 하세요.

(1) 동생은 요즘 로보카 폴리에 [   ]이 있다.

관심   관상

(2) 매일 운동을 하겠다는 [   ]은 3일 만에 무너졌다.

수심   결심

3 밑줄 친 부분의 뜻을 가진 한자 어휘를 찾아 선을 이으세요.

(1) 이 그림의 <u>한가운데</u>에는 해바라기가 그려져 있어요. •

• ㉠ 중심

(2) 나는 <u>마음과 몸</u>이 지칠 때마다 잔잔한 음악을 들어요. •

• ㉡ 심신

도움말 다른 하나는 '깊을 심(深)'을 써요.

4 다음 문장을 읽고 '心'이 쓰인 한자 어휘가 들어 있는 문장에 ✓ 하세요.

[ ] ① <u>심해</u>에는 신비한 물고기들이 많다.

[ ] ② 친구가 나에게 <u>진심</u>으로 사과했다.

1 다음 글 안에 있는 한자의 뜻과 소리를 쓰세요.

(1) 우리 이모는 **女**아 옷을 만드는 일을 해요. (   )

(2) 그는 부모님을 극진히 모셔 효**子**라고 소문이 났다. (   )

(3) 세계에서 **人**구 수가 가장 많은 나라는 어디일까요? (   )

(4) 오랜만에 산에 오르니 **心**신이 상쾌해지는 기분이다. (   )

(5) 대회에 참여한 사람은 **男**녀 모두 합쳐 1만 명 정도였어요. (   )

2 <보기>의 글자 카드에서 알맞은 글자를 찾아 한자 어휘를 완성하세요.

보기

| 권 | 자 | 남 | 매 | 인 | 손 |

(1) 우리 삼 [|] 중 여동생과 남동생이 쌍둥이예요.

  ↳ 한 부모가 낳은 **남자**와 여자 형제.

(2) 장애인의 [|] 이/가 침해당하는 일이 종종 발생해요.

  ↳ **인간**이 갖는 기본적 권리.

(3) 할아버지의 팔순 잔치에 많은 [|] 들이 함께 모였어요.

  ↳ **자식**과 손자.

3 빈칸에 들어갈 한자 어휘를 <보기>에서 찾아 쓰세요.

> 보기
>
> 인권   인기   인체   행인

(1) 불량 식품은 (   )에 해롭다.

(2) 버스가 인도로 뛰어들어 (   ) 세 명이 다쳤다.

(3) 요즘 야광 팽이가 초등학생들 사이에서 (   )이/가 많아요.

4 다음 뜻과 예문에 맞는 한자 어휘를 초성을 참고하여 쓰세요.

(1) | ㅈ | ㄴ |

뜻 아들과 딸.
예문 부모님들은 사랑으로 ○○를 양육합니다.

(2) | ㅈ | ㄴ |

뜻 맏(첫째)아들.
예문 저는 ○○으로서 가업을 이어 도자기를 만들고 있습니다.

(3) | ㄱ | ㅅ |

뜻 어떻게 하기로 굳게 마음을 정함, 또는 그런 마음.
예문 단 음식을 조금만 먹기로 ○○했어.

5 한자 어휘의 뜻을 읽어 보고 빈칸에 공통으로 들어갈 글자를 쓰세요.

> • 진☐ : 거짓이 없는 참된 마음.
>
> • 중☐ : 한가운데. 가장 중요한 부분.   (   )
>
> • 관☐ : 어떤 것에 마음이 끌려 주의를 기울임, 또는 그런 마음.

06 수·1

✦ 한자의 뜻과 소리를 읽어 보세요.

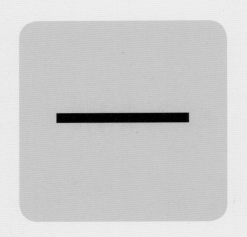

 뜻   소리

한 일

* '1, 하나, 첫째'의 뜻이 있어요.
* '모든'의 뜻도 있어요.

가로로 한 획을 그어 하나를 나타낸 글자
예요.

✦ 한자 어휘를 소리 내 읽어 보고 빈칸에 한자 어휘를 쓰세요.

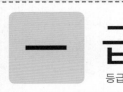
一 급
등급 級

뜻   여러 개의 등급 가운데 **첫째**(제일 높은) 등급.

예문   이 호텔은 [|] 호텔이야.

통 一
거느릴 統

뜻   나뉜 것을 **하나**로 합침. 여러 요소를 서로 같게 맞춤.

예문   남과 북의 [|] 을 기원합니다.

一 회 용
돌아올 回   쓸 用

뜻   **한** 번만 쓰고 버림, 또는 그런 것.

예문   [| |] 종이컵 사용을 줄입시다.

一 생
날 生

뜻   태어나서 죽을 때까지의 **모든** 동안.

예문   신석기 교수는 [|] 을 역사 연구에 바쳤다.

* 이 어휘에서는 '모든'의 뜻으로 써요.

1 다음 글 안에 있는 한자의 뜻과 소리를 쓰세요.

> 그는 一생의 대부분을 여행을 하며 지냈다.

뜻 _____

소리 _____

2 빈칸에 들어갈 한자 어휘에 ○ 하세요.

> 운동회 날 우리 반은 모두 파란 티로 ☐하기로 했어요.

통일
- - - - -
동일

3 밑줄 친 부분의 뜻을 가진 한자 어휘를 찾아 선을 이으세요.

(1) 한 번만 쓰고 버리는 컵은 지구를 아프게 해요. · · ㉠ 일급

(2) 여기는 제일 높은 등급의 호텔이라 그런지 멋지구나. · · ㉡ 일회용

도움말 다른 하나는 '날 일(日)'을 써요.

4 다음 문장을 읽고 '一'이 쓰인 한자 어휘가 들어 있는 문장에 ✓ 하세요.

☐ ① 아침 일찍 일어나 바닷가에서 일출을 봤어.

☐ ② 전염병 위기를 극복한 우리나라 국민이야말로 일등 국민이다.

✦ 한자의 뜻과 소리를 읽어 보세요.

뜻   소리
두 이

*'2, 둘, 둘째'의 뜻이 있어요.

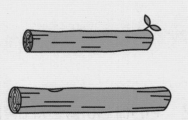

가로로 두 획을 그어 둘을 나타낸 글자예요.

✦ 한자 어휘를 소리 내 읽어 보고 빈칸에 한자 어휘를 쓰세요.

二 중
무거울 重

뜻 **두** 겹, 또는 **두** 번 거듭되거나 겹침.

예문 문을 ☐☐ 으로 잠그면 안전합니다.

二 차
버금 次

뜻 **두** 번째가 됨, 또는 기본적인 것에 붙어서 따름.

예문 일차 시험은 합격했으니 ☐☐ 시험을 준비하자.

二 인 승
사람 人   탈 乘

뜻 **두** 사람이 탐.

예문 친구와 ☐☐☐ 자전거를 타요.

二 륜 차
바퀴 輪   수레 車

뜻 바퀴가 **두** 개인 차.

예문 여기는 ☐☐☐ 통행 금지입니다.

1 다음 글 안에 있는 한자의 뜻과 소리를 쓰세요.

> 아빠는 요즘 회사 일이 최우선이에요. 나랑 놀아 주는 건 二차로 미루신 것 같아요.

뜻 _____

소리 _____

2 빈칸에 공통으로 들어갈 한자 어휘에 ○ 하세요.

> • 우리 집은 [   ] 창문이라 겨울에 춥지 않아요.
>
> • '놔' 모음은 'ㅗ'와 'ㅏ'를 합쳐 만든 [   ] 모음이에요.

이차

이중

3 밑줄 친 부분의 뜻을 가진 한자 어휘를 찾아 선을 이으세요.

(1) | 바퀴가 두 개인 차는 이 길로 들어올 수 없다. | •   • ㉠   이인승

(2) | 이 자전거는 두 사람이 타는 자전거구나. 재미있겠다! | •   • ㉡   이륜차

도움말 다른 하나는 '옮길 이(移)'를 써요.

4 다음 문장을 읽고 '二'가 쓰인 한자 어휘가 들어 있는 문장에 ✓ 하세요.

[   ] ① 운동회 때 이인삼각 경기를 했다.

[   ] ② 친구가 이사를 가서 슬픈 하루였다.

월   일

✦ 한자의 뜻과 소리를 읽어 보세요.

뜻   소리

석 삼

*'3, 셋'의 뜻이 있어요.

가로로 세 획을 그어 셋을 나타낸 글자예요.

✦ 한자 어휘를 소리 내 읽어 보고 빈칸에 한자 어휘를 쓰세요.

三 대
대신할 代

뜻   아버지, 아들, 손자의 **세** 대.

예문   우리 집은 [ ][ ]가 같이 살아.

三 각 형
뿔 角   모양 形

뜻   **세** 개의 각이 있는 모양.

예문   [ ][ ][ ] 모양의 김밥.

三 행 시
다닐 行   시 詩

뜻   **세** 줄로 이루어진 시.

예문   내 이름으로 [ ][ ][ ]를 지어 보았어요.

三 중 주
무거울 重   아뢸 奏

뜻   서로 다른 **세** 개의 악기로 연주하는 음악.

예문   내일 [ ][ ][ ] 연주회가 열려요.

1 다음 글 안에 있는 한자의 뜻과 소리를 쓰세요.

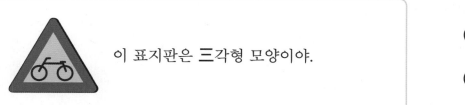 이 표지판은 三각형 모양이야.

(뜻) _____

(소리) _____

2 빈칸에 들어갈 한자 어휘를 글자 카드에서 찾아 만들어 쓰세요.

이번 제주도 여행은 할아버지, 아빠, 저 이렇게
(　　　　　　　)이/가 함께 가요.

 사　삼　대

3 밑줄 친 부분의 뜻을 가진 한자 어휘에 ○ 하세요.

(1) 지난 주말에 <u>서로 다른 세 개의 악기로 연주하는 음악</u>을 들으러 콘서트홀에 갔어. 피아노, 바이올린, 첼로 소리가 아름다웠어.

삼중주

사중주

(2) 선생님은 매일 <u>세 줄로 이루어진 시</u> 쓰기를 숙제로 내 주셔. 처음에는 힘들었는데 지금은 재미있어.

오행시

삼행시

 어휘추론!

도움말 다른 하나는 '수풀 삼(森)'을 써요.

4 다음 문장을 읽고 '三'이 쓰인 한자 어휘가 들어 있는 문장에 ✔ 하세요.

☐ ① 아이들이 <u>삼삼오오</u> 모여서 이야기를 해요.

☐ ② 자연 보호를 위해 <u>삼림</u>을 함부로 베면 안 돼요.

✦ 한자의 뜻과 소리를 읽어 보세요.

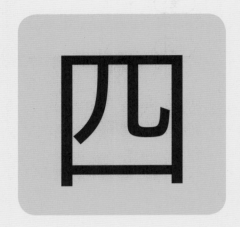

뜻 소리
넉 사

* '4, 넷'의 뜻이 있어요. '넉'은 수가 넷임을 이르는 말이에요.

네잎클로버 잎의 개수인 4, 넷을 나타낸 글자예요.

✦ 한자 어휘를 소리 내 읽어 보고 빈칸에 한자 어휘를 쓰세요.

四방
모 方

뜻 동, 서, 남, 북의 **네** 방향. 둘레의 모든 곳.

예문 여기는 [   ][   ] 이 산으로 막혀 있어.

四각형
뿔 角   모양 形

뜻 **네** 개의 각이 있는 모양.

예문 책은 왜 모두 [   ][   ][   ] 모양일까?

四계절
계절 季   마디 節

뜻 봄, 여름, 가을, 겨울의 **네** 계절.

예문 [   ][   ][   ] 이 뚜렷한 나라.

四대문
큰 大   문 門

뜻 조선 시대에 서울에 있던 **네** 개의 대문.

예문 [   ][   ][   ] 탐방을 떠나요.

1 다음 글 안에 있는 한자의 뜻과 소리를 쓰세요.

> 우리 학교는 봄이 되면 **四**방에 꽃이 핀다.

뜻 _____

소리 _____

2 빈칸에 공통으로 들어갈 한자 어휘를 초성을 참고하여 쓰세요.

> • 우리나라는 [　　　]이/가 뚜렷한 편이다.
>
> • 이 썰매장은 봄, 여름, 가을, 겨울 [　　　] 내내 이용할 수 있어요.

ㅅ	ㄱ	ㅈ

3 다음 뜻을 가진 한자 어휘를 초성을 참고하여 빈칸에 쓰세요.

(1) 네 개의 각이 있는 모양.

ㅅ	ㄱ	ㅎ

(2) 조선 시대에 서울에 있던 네 개의 대문.

ㅅ	ㄷ	ㅁ

어휘추론!

4 다음 한자 어휘 중 '四'가 쓰인 것에 ✓ 하세요.

[　] ① **변호사** ➡ 재판에서 피고나 원고를 위해 변론하는 사람.

[　] ② **사군자** ➡ 동양화에서 매화, 난초, 국화, 대나무 네 가지를 그린 그림.

✦ 한자의 뜻과 소리를 읽어 보세요.

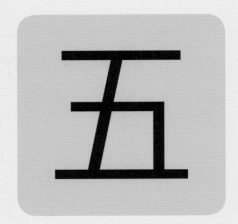

뜻 | 소리
다섯 오

* '5, 다섯'의 뜻이 있어요.

꼬투리 안에 있는 콩알의 개수인 다섯을 나타낸 글자예요.

✦ 한자 어휘를 소리 내 읽어 보고 빈칸에 한자 어휘를 쓰세요.

五 월
달 月

뜻 **5월.**

예문 어린이날이 있는 ☐☐ 이 되면 기분이 좋아.

五 감
느낄 感

뜻 보고, 듣고, 냄새 맡고, 맛을 느끼고, 만져 보는 **다섯** 가지 감각.

예문 그는 ☐☐ 이 발달된 사람이야.

五 곡
곡식 穀

뜻 쌀, 보리, 콩, 조, 기장의 **다섯** 가지 곡식.

예문 ☐☐ 으로 만든 밥을 먹어요.

五 륜 기
바퀴 輪   기 旗

뜻 **다섯** 개의 원으로 이루어진 올림픽을 상징하는 기.

예문 ☐☐☐ 는 올림픽을 상징한다.

1 다음 글 안에 있는 한자의 뜻과 소리를 쓰세요.

五월에는 어린이날, 어버이날, 부부의 날이 있어요.

뜻 _____

소리 _____

2 빈칸에 들어갈 한자 어휘에 ○ 하세요.

(1) 대보름에는 쥐불놀이, 줄다리기 등을 하고 다섯 가지 곡식으로 만든 ☐ 밥을 먹는다.

오곡

오경

(2) 요리 활동과 종이접기, 악기 연주 수업은 아이들의 ☐ 발달에 도움을 준다.

도감

오감

3 퀴즈를 읽고 알맞은 답을 쓰세요.

나는 무엇일까요?

힌트 1. 나는 올림픽을 상징해요.

힌트 2. 나는 다섯 개의 원으로 이루어져 있어요.

(   )

도움말 다른 하나는 '낮 오(午)'를 써요.

4 다음 문장을 읽고 '五'가 쓰인 한자 어휘가 들어 있는 문장에 ✓ 하세요.

☐ ① 동생이 오전 내내 피아노를 치고 있다.

☐ ② 나는 배를 타고 오대양을 돌아보는 꿈을 꾼다.

1 다음 글 안에 있는 한자의 뜻과 소리를 쓰세요.

> 올해 나는 一 학년이 된다. 우리 형은 二 학년이 된다. 학교 다니는 형이 부러웠는데 三 월부터는 나도 학교에 간다. 四월에는 소풍도 간다고 한다. 五月에 열리는 운동회도 무척 기대가 된다.

(1) 一 (　　　　　　　　)   (2) 二 (　　　　　　　　)

(3) 三 (　　　　　　　　)   (4) 四 (　　　　　　　　)

(5) 五 (　　　　　　　　)

2 <보기>의 글자 카드에서 알맞은 글자를 찾아 한자 어휘를 완성하세요.

보기

| 일 | 이 | 삼 | 사 | 오 |

(1) 이 가게는 　　 회 용 컵 사용 금지입니다.

↳ **한** 번만 쓰고 버림, 또는 그런 것.

(2) 　　 감 은 시각, 청각, 후각, 미각, 촉각을 말해.

↳ 보고, 듣고, 냄새 맡고, 맛을 느끼고, 만져 보는 **다섯** 가지 감각.

(3) 바이올린, 첼로, 피아노의 　　 중 주 가 정말 아름답구나.

↳ 서로 다른 **세** 개의 악기로 연주하는 음악.

3 다음 뜻과 예문에 맞는 한자 어휘를 초성을 참고하여 쓰세요.

(1) | ㅇ | ㄱ |

뜻 쌀, 보리, 콩, 조, 기장의 **다섯** 가지 곡식.
예문 우리 가족은 ○○이 들어간 밥을 먹는다.

(2) | ㅅ | ㄱ | ㅎ |

뜻 **세** 개의 각이 있는 모양.
예문 트라이앵글은 ○○○ 모양이야.

(3) | ㅅ | ㄷ | ㅁ |

뜻 조선 시대에 서울에 있던 **네** 개의 대문.
예문 숭례문은 ○○○ 중 하나야.

4 빈칸에 들어갈 한자 어휘를 <보기>에서 찾아 쓰세요.

보기

| 사계절 | 이륜차 | 오대양 | 이인승 |

(1) 이 꽃은 봄, 여름, 가을, 겨울 (   ) 내내 펴요.

(2) (   )은/는 태평양, 대서양, 인도양, 북극해, 남극해를 말해.

(3) 자전거, 오토바이처럼 바퀴가 두 개인 차를 (   )(이)라고 해.

5 다음 글을 읽고 밑줄 친 한자 어휘 중 '二'가 쓰인 것을 모두 찾아 쓰세요.

우리 가족은 내일 이사를 한다. 새로운 집은 이층집이다. 학교까지 가는 길이 조금 멀어
졌다. 그래서 아빠가 이인승 자전거로 데려다주시기로 하셨다.

(,   )

07 수·2

지난주의 한자 배운 한자를 떠올리며 빈칸에 뜻과 소리를 쓰세요.

一	二	三	四	五
___	___	___	___	___

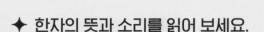

월   일

✦ 한자의 뜻과 소리를 읽어 보세요.

六

(뜻) 여섯 (소리) 륙(육)

* '6, 여섯'의 뜻이 있어요.
* '륙'은 맨 앞에 오면 '육'으로 읽고 써요.

양손의 손가락을 세 개씩 편 모습을 나타낸 글자예요.

✦ 한자 어휘를 소리 내 읽어 보고 빈칸에 한자 어휘를 쓰세요.

六 월
달 月

(뜻) 6월.

(예문) 여름이 시작되는 [   ][   ]의 태양이 뜨겁다.

* 발음을 쉽게 하기 위해 '유월'이라고 읽고 써요

六 각 형
뿔 角   모양 形

(뜻) **여섯** 개의 각이 있는 모양.

(예문) 벌집은 [   ][   ][   ]이 모여 있는 모양이다.

六 면 체
낱 面   몸 體

(뜻) **여섯** 개의 평면으로 이루어진 입체.

(예문) 주사위는 [   ][   ][   ] 모양이다.

六 하 원 칙
어찌 何   근원 原   법칙 則

(뜻) 기사를 쓸 때 지켜야 하는 '누가, 언제, 어디서, 무엇을, 어떻게, 왜'의 **여섯** 가지 원칙.

(예문) [   ][   ][   ][   ]에 따라 쓰세요.

1 다음 글 안에 있는 한자의 뜻과 소리를 쓰세요.

집을 짓는 데 사용하는 벽돌은 六면체 모양이야.

뜻 _____

소리 _____

2 밑줄 친 한자 어휘를 어떻게 읽고 쓰는지 빈칸에 쓰세요.

六월은 호국 보훈의 달이에요. 나라를 위해 돌아가신 분들을 기억하고 감사하는 마음을 가집시다.

	월

3 밑줄 친 부분의 뜻을 가진 한자 어휘에 ○ 하세요.

오늘은 꿀벌에 대해서 배워 봅시다. 꿀벌의 집을 '벌집'이라고 하는데요. 벌집은 여섯 개의 각이 있는 모양이에요.

사각형

육각형

도움말 다른 하나는 '고기 육(肉)'을 써요.

4 다음 문장을 읽고 '六'이 쓰인 한자 어휘가 들어 있는 문장에 ✔ 하세요.

☐ ① 육이오는 우리 민족에게 큰 아픔을 남겼다.

☐ ② 엄마는 정육점에서 저녁으로 먹을 소고기를 사 오셨다.

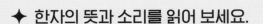

월 　 일

✦ 한자의 뜻과 소리를 읽어 보세요.

(뜻) (소리)
일곱 칠

*'7, 일곱'의 뜻이 있어요.

밤하늘에 떠 있는 별의 개수인 일곱을 나타낸 글자예요.

✦ 한자 어휘를 소리 내 읽어 보고 빈칸에 한자 어휘를 쓰세요.

七 월
달 月

> 뜻 **7**월.
>
> 예문 ☐☐ 이 되자 더워졌어요.

七 석
저녁 夕

> 뜻 음력 **7**월 **7**일 밤.
>
> 예문 ☐☐ 은 견우와 직녀가 만나는 날이다.

七 음
소리 音

> 뜻 음계를 이루는 **일곱** 가지 소리.
>
> 예문 서양 음악에서 ☐☐ 은 '도, 레, 미, 파, 솔, 라, 시'다.

七 순
열흘 旬

> 뜻 **일흔** 살.
>
> 예문 할아버지는 올해 ☐☐ 이세요.

*'순'은 그 수에 십을 곱한 나이라는 뜻이 있어요.

1 다음 글 안에 있는 한자의 뜻과 소리를 쓰세요.

> 七월에 드디어 여름 방학이 시작됩니다!

뜻 _____

소리 _____

2 빈칸에 들어갈 한자 어휘에 ○ 하세요.

> 음계를 이루는 일곱 가지 소리를 [   ]이라고 해요. 동양 음악에서
> 는 '궁, 상, 각, 변치, 치, 우, 변궁'을 말해요.

칠음
- - - - - -
팔음

3 다음 뜻을 가진 한자 어휘를 초성을 참고하여 빈칸에 쓰세요.

(1) 일흔 살. — | ㅊ | ㅅ |

(2) 음력 7월 7일 밤. — | ㅊ | ㅅ |

4 다음 대화를 읽고 알맞은 말에 ○ 하세요.

> 주원: 북두칠성이라는 별자리가 있대. 들어 봤어?
>
> 예성: 북두칠성은 (일곱 , 여덟) 개의 별로 이루어진 별자리야. 국자 모양이지.

✦ 한자의 뜻과 소리를 읽어 보세요.

뜻   소리
여덟 팔

* '8, 여덟'의 뜻이 있어요.

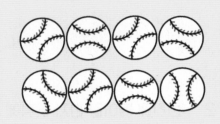

야구공의 개수인 여덟을 나타낸 글자
예요.

✦ 한자 어휘를 소리 내 읽어 보고 빈칸에 한자 어휘를 쓰세요.

八 월
달 月

> 뜻   **8**월.
>
> 예문   음력 [　][　] 보름날은 추석 명절입니다.

八 도
길 道

> 뜻   조선 시대에 전국을 **여덟** 개로 나눈 구역. 우리나라 전체를 이르는 말.
>
> 예문   임진왜란이 일어나자 [　][　] 의 백성들이 함께 싸웠다.

八 순
열흘 旬

> 뜻   **여든** 살.
>
> 예문   할머니는 내년이면 [　][　] 이십니다.

八 각 정
뿔 角   정자 亭

> 뜻   지붕이 **여덟** 개의 모서리 모양이 되도록 지은 정자.
>
> 예문   공원 [　][　][　] 아래에 모였어요.

1 다음 글 안에 있는 한자의 뜻과 소리를 쓰세요.

> 광복절은 **八**월 15일이에요.

뜻 _____

소리 _____

2 빈칸에 들어갈 한자 어휘를 글자 카드에서 찾아 만들어 쓰세요.

> 남산에 가면 앉아서 쉴 수 있는 지붕이 팔각
> 형 모양인 (   )이 있어요.

| 팔 | 각 | 동 | 정 |

3 밑줄 친 부분의 뜻을 가진 한자 어휘에 ○ 하세요.

(1) 가족들이 모여 할머니의 <u>여든 살</u> 생신을 축하했어요. 할머니는
자손들을 보며 행복한 미소를 지으셨어요.

칠순

팔순

(2) 우리 가족은 여름 방학에 캠핑카를 타고 <u>우리나라 전체</u>를 여행
하기로 했어요. 힘들지만 재미있을 것 같아요.

팔도

지도

4 다음 대화를 읽고 알맞은 말에 ○ 하세요.

> 윤하: 주말에 우리 가족은 단양 팔경을 보고 왔어.
>
> 아인: 단양 팔경이 뭐야?
>
> 윤하: 단양에 있는 아름다운 경치 (일곱 , 여덟) 곳을 말해.

✦ 한자의 뜻과 소리를 읽어 보세요.

九

뜻 아홉 소리 구

* '9, 아홉'의 뜻이 있어요.
* '많다'의 뜻도 있어요.

풍선의 개수인 아홉을 나타낸 글자예요.

✦ 한자 어휘를 소리 내 읽어 보고 빈칸에 한자 어휘를 쓰세요.

九 월
달 月

뜻 **9**월.

예문 ☐☐ 에 새로운 학기가 시작돼요.

九 일
날 日

뜻 세시 명절의 하나로 음력 **9**월 **9**일을 이르는 말. 중양절.

예문 ☐☐ 에는 국화전을 만들어 먹었다.

九 九 단
층계 段

뜻 1에서 **9**까지의 수를 서로 곱해서 나온 값을 나타낸 것.

예문 ☐☐☐ 을 외우자!

九 공 탄
구멍 孔   숯 炭

뜻 구멍이 **많은** 연탄.

예문 ☐☐☐ 에 고기를 구워 먹어요.

* 이 어휘에서는 '많다'의 뜻으로 써요.

1 다음 글 안에 있는 한자의 뜻과 소리를 쓰세요.

> 九월이면 이제 가을이 시작될 거야.

(뜻) _____

(소리) _____

2 빈칸에 들어갈 한자 어휘를 초성을 참고하여 쓰세요.

(1) [ ] 은/는 세시 명절 중 하나로 중양절이라고도 한다. ——— | ㄱ | ㅇ |

(2) [ ] 을/를 외워 두면 수학 문제를 풀 때 도움이 된답니다. ——— | ㄱ | ㄱ | ㄷ |

3 다음 사물이 한 말을 읽고 알맞은 답을 쓰세요.

나는 무엇일까요?
나는 구멍이 많은 연탄
이에요.

(   )

도움말 다른 하나는 '구할 구(求)'를 써요.

4 다음 글을 읽고 '九'가 쓰인 한자 어휘를 찾아 번호를 쓰세요. (   )

> 어제 본 영화 주인공은 급류에 휩쓸렸다가 ①구사일생으로 살아났다. 주인공을 ②구
> 조하기 위해 사람들이 왔지만 이미 주인공은 어딘가로 사라져 버렸다.

✦ 한자의 뜻과 소리를 읽어 보세요.

뜻 열 소리 십

＊'10, 열'의 뜻이 있어요.

세로로 된 막대기에 가로로 된 막대기 하나를 추가하여 열을 나타낸 글자예요.

✦ 한자 어휘를 소리 내 읽어 보고 빈칸에 한자 어휘를 쓰세요.

十월 달 月

뜻 **10**월.

예문 ☐☐ 의 어느 날에 친구를 만났다.

＊발음을 쉽게 하기 위해 '시월'이라고 읽고 써요.

十자 글자 字

뜻 '十' 자와 같은 모양.

예문 ☐☐ 모양 드라이버로 의자 다리를 고정시켜요.

十자가 글자 字 시렁 架

뜻 기독교를 상징하는 '十' 자 모양의 표.

예문 교회 꼭대기에 ☐☐☐ 가 있어요.

十장생 긴 長 날 生

뜻 오래도록 살고 죽지 않는다는 **열** 가지. 해, 산, 물, 돌, 구름, 소나무, 불로초, 거북, 학, 사슴이다.

예문 거북은 ☐☐☐ 중 하나이다.

1 다음 글 안에 있는 한자의 뜻과 소리를 쓰세요.

'**十** 년이면 강산도 변한다'는 속담은 세월이 흐르게 되면 모든 것이 다 변하게 됨을 이르는 말이다.

뜻 _____

소리 _____

2 밑줄 친 한자 어휘를 어떻게 읽고 쓰는지 빈칸에 써 보세요.

올해는 개천절, 한글날, 추석이 모두 **十**월에 들어 있어요.

	월

3 다음 한자 어휘의 알맞은 뜻에 ○ 하세요.

(1) **십자가**   기독교를 상징하는 (十 , X)자 모양의 표.

(2) **십장생**   오래도록 살고 죽지 않는다는 (열 , 아홉) 가지.

4 다음 한자 어휘의 예문을 읽어 보고 뜻에 알맞은 말에 ○ 하세요.

십중팔구

예문 그 말을 걔가 한 거면 <u>십중팔구</u> 거짓말일 거야.

뜻 (열 , 스물) 가운데 여덟이나 아홉 정도로 거의 대부분.

Day 31~35 다지기

1 다음 글 안에 있는 한자의 뜻과 소리를 쓰세요.

(1) 七월에는 수영장으로 놀러 갈 거야!   (   )

(2) 조선 시대에는 전국을 八도로 나누었어요.   (   )

(3) 六 학년이면 초등학교에서 가장 높은 학년이에요.   (   )

(4) 10월 九일은 한글의 우수성을 기리는 한글날이에요.   (   )

(5) 나는 아끼는 게임 카드를 잃어버린 줄 알고 十년감수를 했다.   (   )

2 <보기>의 글자 카드에서 알맞은 글자를 찾아 한자 어휘를 완성하세요.

보기

| 십 | 육 | 석 | 생 | 각 | 형 | 장 | 칠 |

(1) 해, 산, 돌, 소나무, 거북은 ☐☐☐ 에 해당돼요.

    ↳ 오래도록 살고 죽지 않는다는 **열** 가지.

(2) 나사는 돌리기 쉽게 ☐☐☐ 모양으로 만들기도 한다.

    ↳ **여섯** 개의 각이 있는 모양.

(3) 견우와 직녀가 ☐☐ 이 되면 오작교에서 만난다는 전설이 전해지고 있다.

    ↳ 음력 7월 7일 밤.

3 다음 뜻과 예문에 맞는 한자 어휘를 글자판에서 찾아 묶으세요.

① **뜻** 일흔 살.
　예문 할머니 ○○ 기념 여행을 갔어요.

② **뜻** 지붕이 **여덟** 개의 모서리 모양이 되도록 지은 정자.
　예문 산에 오르면 ○○○이 있어요.

③ **뜻** 1에서 9까지의 수를 서로 곱해서 나온 값을 나타낸 것.
　예문 1학년이 벌써 ○○○을 외우다니!

④ **뜻** 기독교를 상징하는 '十' 자 모양의 표.
　예문 이모는 ○○○ 목걸이를 차고 있어.

국	몸	륜	십
구	칠	낭	자
구	순	동	가
단	팔	각	정

4 빈칸에 들어갈 한자 어휘에 ○ 하세요.

(1) 구멍이 많은 연탄을 [　　　]이라고 해요.
　　　구공탄 ┊ 구구단

(2) [　　　]의 가을 하늘은 높고 푸르러요.
　　　시월 ┊ 십월

5 다음 문장을 읽고 '九'가 쓰인 한자 어휘가 들어 있는 문장을 모두 고르세요. (　　　,　　　)

① 요즘 학생들은 <u>십중팔구</u>가 아침을 거른다고 한다.

② 탄광에 갇혔던 광부들은 <u>구사일생</u>으로 살아 돌아왔어요.

③ 우리나라 야구 팀은 모든 예선을 이기며 <u>승승장구</u>의 기세를 이어 갔다.

08 정도·1

✦ 한자의 뜻과 소리를 읽어 보세요.

大

(뜻) (소리)
큰 대

* '크다, 많다'의 뜻이 있어요.

팔과 다리를 벌리고 선 사람의 모양을 본
뜬 글자예요.

✦ 한자 어휘를 소리 내 읽어 보고 빈칸에 한자 어휘를 쓰세요.

大 회
모일 會

(뜻) 기술이나 재주를 겨루는 **큰** 모임.

(예문) 어린이 글짓기 [   ][   ] 가 열렸다.

大 륙
뭍 陸

(뜻) 바다로 둘러싸인 **커다란** 땅.

(예문) 아메리카 [   ][   ] 을 발견한 사람은 누구일까?

확 大
넓힐 擴

(뜻) 모양이나 규모 등을 더 **크게** 함. (반) 축소

(예문) 돋보기로 물체를 [   ][   ] 해서 볼 수 있다.

大 가 족
집 家   겨레 族

(뜻) 식구 수가 **많은** 가족. (반) 소가족, 핵가족

(예문) 우리는 삼대가 모여 사는 [   ][   ][   ] 이에요.

1 다음 글 안에 있는 한자의 뜻과 소리를 쓰세요.

올림픽 **大**회는 4년에 한 번씩 열립니다.

(뜻) _____

(소리) _____

2 빈칸에 들어갈 한자 어휘에 ○ 하세요.

(1) 우리 집은 할아버지, 할머니, 고모, 삼촌들까지 모두 함께 사는 [   ]이다.

대가족

핵가족

(2) 아시아는 세계에서 가장 큰 [   ]으로 가장 많은 사람이 살고 있습니다.

대양

대륙

3 밑줄 친 부분의 뜻을 가진 한자 어휘에 ○ 하세요.

현미경으로 강낭콩 잎을 크게 해서 보니까 신기했어요.

축소   확대

도움말 다른 하나는 '대신할 대(代)'를 써요.

4 다음 문장을 읽고 '大'가 쓰인 한자 어휘가 들어 있는 문장에 ✓ 하세요.

[ ] ① 엄마는 회사의 대표가 되었어요.

[ ] ② 한강에 있는 대교 위로 수많은 차들이 오가고 있다.

✦ 한자의 뜻과 소리를 읽어 보세요.

뜻   소리
작을 소

* '작다, 어리다'의 뜻이 있어요.

몸집이 작은 고양이처럼 길이나 넓이 등
이 보통보다 덜한 것을 나타낸 글자예요.

✦ 한자 어휘를 소리 내 읽어 보고 빈칸에 한자 어휘를 쓰세요.

小 인
사람 人

뜻   나이가 **어린** 사람. 키나 몸집이 **작은** 사람.   반 대인

예문   이 식당은 [   ] 요금이 15,000원이다.

小 수
셈 數

뜻   일의 자리보다 **작은** 자리의 값을 가진 수.

예문   0.1, 4.2 같은 수를 [   ] 라고 해요.

小 포
쌀 包

뜻   우편으로 보내는 포장된 **작은** 짐.

예문   책을 [   ] 로 친구에게 보냈다.

축 小
줄일 縮

뜻   모양이나 규모 등을 줄여서 **작게** 함.   반 확대

예문   지도는 실제 땅을 [   ] 하여 그린 그림이다.

1 다음 글 안에 있는 한자의 뜻과 소리를 쓰세요.

> 오늘 학교에서 0.5 같은 **小**수를 처음 배웠는데 어려웠어요.

(뜻) _____

(소리) _____

2 빈칸에 들어갈 한자 어휘에 ○ 하세요.

> 가족들과 놀이공원에 갔다. 도착해서 표를 끊으려고 줄을 섰다. 대인
> 은 50,000원이고 [   ]은 20,000원이었다. 아빠, 동생, 나 이렇게
> 셋이서 90,000원이 들었다.

소인
┄┄┄┄
개인

3 다음 한자 어휘의 알맞은 뜻에 ○ 하세요.

(1) | 축소 | 모양이나 규모 등을 줄여서 (작게 , 좁게) 함.

(2) | 소포 | 우편으로 보내는 포장된 (작은 , 큰) 짐.

어휘추론!

도움말 다른 하나는 '사라질 소(消)'를 써요.

4 다음 문장을 읽고 '小'가 쓰인 한자 어휘가 들어 있는 문장에 ✓ 하세요.

[ ] ① 일기 예보에서 어린이날에 비가 온다는 <u>소식</u>을 전해 주었다.

[ ] ② 천문학자들은 지구와 충돌할 위험이 있는 <u>소행성</u>이 있다고 발표하였다.

✦ 한자의 뜻과 소리를 읽어 보세요.

뜻   소리

많을 다

* '많다'의 뜻이 있어요

왼쪽 그릇에 담겨 있는 과일처럼 수나 양이 기준 이상인 것을 나타낸 글자예요.

✦ 한자 어휘를 소리 내 읽어 보고 빈칸에 한자 어휘를 쓰세요.

 多 양
모양 樣

뜻 색깔, 모양, 종류, 내용 등이 여러 가지로 **많음**.

예문 동물의 종류는 ☐☐ 하다.

 多 독
읽을 讀

뜻 **많이** 읽음.

예문 ☐☐ 을 하면 글쓰기에 도움이 돼.

 多 정
뜻 情

뜻 마음이 따뜻하고 정이 **많음**.

예문 친구가 나를 보고 ☐☐ 하게 웃어 주었다.

 多 재 多 능
재주 才   능할 能

뜻 재주와 능력이 여러 가지로 **많음**.

예문 은유는 ☐☐☐☐ 하다.

1 다음 글 안에 있는 한자의 뜻과 소리를 쓰세요.

전시장에는 **多**양한 상품이 진열되어 있어요.

뜻 _____

소리 _____

2 다음 대화를 읽고 빈칸에 들어갈 한자 어휘를 고르세요. ( )

건이: 우리 반에서 책을 가장 많이 읽은 사람에게 주는 [   ]상을 받았어.

하은: 우아, 축하해!

① 다정   ② 다독   ③ 다양

3 다음 한자 어휘의 알맞은 뜻에 ○ 하세요.

(1)	다정	마음이 따뜻하고 정이 (많음 , 적음).
(2)	다재다능	재주와 능력이 여러 가지로 (많음 , 적음).

어휘추론!

도움말 다른 하나는 '차 다(茶)'를 써요.

4 다음 문장을 읽고 '多'가 쓰인 한자 어휘가 들어 있는 문장에 ✓ 하세요.

[ ] ① 친구들과 축구를 하면 넘어지는 일이 다반사였다.

[ ] ② 돈은 다다익선이라고 하지만 너무 욕심 내는 것도 좋지 않다.

✦ 한자의 뜻과 소리를 읽어 보세요.

뜻   소리

적을 **소**

＊'적다, 줄다'의 뜻이 있어요.

오른쪽 그릇에 담겨 있는 과일처럼 수나 양이 기준에 못 미치는 것을 나타낸 글자예요.

✦ 한자 어휘를 소리 내 읽어 보고 빈칸에 한자 어휘를 쓰세요.

少 량
헤아릴 **량**

뜻   **적은** 양. 🔁 다량

예문   냄비에 ⬜⬜의 물을 부었어요.

少 수
셈 **數**

뜻   **적은** 수효. 🔁 다수

예문   ⬜⬜의 의견도 중요해요.

최 少
가장 **最**

뜻   양이 가장 **적음**. 🔁 최대

예문   우리 가족은 짐을 ⬜⬜로 줄여서 등산을 한다.

감 少
덜 **減**

뜻   양이나 수치가 **줆**. 양이나 수치를 **줄임**. 🔁 증가

예문   이 기계를 설치하니 매연이 ⬜⬜하기 시작했다.

1 다음 글 안에 있는 한자의 뜻과 소리를 쓰세요.

少량으로 포장된 쿠키를 장바구니에 담았어요.

(뜻) _____

(소리) _____

2 빈칸에 들어갈 한자 어휘에 ○ 하세요.

(1) 우리 학교 농구부는 5명으로 [   ] 인원이지만 실력은 다른 학교에 뒤지지 않는다.

최소
- - - - -
최근

(2) 처음에는 100명이 마라톤을 시작했지만 끝까지 달린 사람은 5명으로 [   ]에 불과했다.

소수
- - - - -
다수

3 밑줄 친 부분의 뜻을 가진 한자 어휘에 ○ 하세요.

농어촌 인구가 줄어들어 노동력 문제가 심각해요.

감소 ┊ 증가

도움말 다른 하나는 '웃음 소(笑)'를 써요.

4 다음 문장을 읽고 '少'가 쓰인 한자 어휘가 들어 있는 문장에 ✓ 하세요.

[ ] ① 할머니께서는 나를 보면 늘 미소를 지으신다.

[ ] ② 이 스티커는 잘 판매하지 않는 희소한 물건이에요.

월   일

✦ 한자의 뜻과 소리를 읽어 보세요.

뜻   소리

높을 고

* '높다'의 뜻이 있어요
* '비싸다'의 뜻도 있어요.

높은 곳에 지어진 누각의 모습을 본뜬 글자예요.

✦ 한자 어휘를 소리 내 읽어 보고 빈칸에 한자 어휘를 쓰세요.

高 산
메 山

뜻 **높은** 산.

예문 ☐☐ 지역은 서늘합니다.

高 온
따뜻할 溫

뜻 **높은** 온도.   반 저온

예문 며칠 동안 ☐☐ 현상이 계속되고 있다.

高 층
층 層

뜻 여러 층으로 된 것의 **높은** 층. 건물의 층수가 많은 것.

예문 나는 아파트 ☐☐ 에 살아요.

高 가
값 價

뜻 **비싼** 가격.   반 저가

예문 이 물건은 ☐☐ 이니까 조심해서 다루세요.

* 이 어휘에서는 '비싸다'의 뜻으로 써요.

1 다음 글 안에 있는 한자의 뜻과 소리를 쓰세요.

> 기후 위기로 한라산 **高**산 지대에 나비가 사라지고 있다.

뜻 _____

소리 _____

2 빈칸에 공통으로 들어갈 한자 어휘에 ○ 하세요.

> • 도시에는 [　　] 건물이 많아요.
>
> • 이 동네에는 [　　] 건물은 없고 낮은 건물들만 있어요.

고층
- - - - - - -
저층

3 밑줄 친 부분의 뜻을 가진 한자 어휘를 찾아 선을 이으세요.

(1) | 이 물건은 가격이 비싸지만 오래 쓸 수 있어요. | • | • ㉠ | 고온

(2) | 도자기는 천 도가 넘는 높은 온도에서 만들어집니다. | • | • ㉡ | 고가

도움말 다른 하나는 '쓸 고(苦)'를 써요.

4 다음 대화를 읽고 '高'가 쓰인 한자 어휘를 찾아 번호를 쓰세요. (　　　　)

> 아빠: 범수야, 표정이 안 좋네. 무슨 ①고민 있니?
>
> 범수: 노래 연습 중인데 ②고음이 안 올라가서 걱정이에요.

1 다음 글 안에 있는 한자의 뜻과 소리를 쓰세요.

> **행복 도서관 안내문**
>
> 무더운 **高**온의 날씨에도 도서관을 찾아 준 어린이들 환영합니다! 이번 방학 동안 **多**독한 어린이들에게 선물을 드립니다. 최**少** 5권만 읽어도 참가상을 드리니 많이 참여해 주세요. 온가족 글짓기 **大**회도 열립니다. **小**인은 무료로 참여할 수 있으니 많은 신청 부탁드립니다.

(1) **高** ( ) (2) **多** ( )

(3) **少** ( ) (4) **大** ( )

(5) **小** ( )

2 가로 열쇠, 세로 열쇠를 풀어 낱말 퍼즐을 완성하세요.

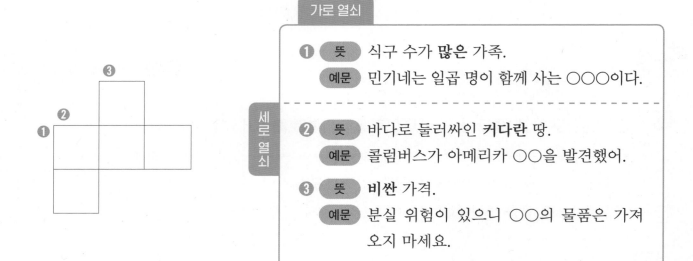

가로 열쇠

❶ (뜻) 식구 수가 **많은** 가족.
　(예문) 민기네는 일곱 명이 함께 사는 ○○○이다.

세로 열쇠

❷ (뜻) 바다로 둘러싸인 **커다란** 땅.
　(예문) 콜럼버스가 아메리카 ○○을 발견했어.

❸ (뜻) **비싼** 가격.
　(예문) 분실 위험이 있으니 ○○의 물품은 가져오지 마세요.

3 뜻풀이에 맞는 한자 어휘를 찾아 선을 이으세요.

(1) 적은 양. •

(2) 높은 산. •

(3) 규모가 큰 다리. •

(4) 나이가 **어린** 사람. •

• ㉠ 고산

• ㉡ 소량

• ㉢ 소인

• ㉣ 대교

4 밑줄 친 한자 어휘를 잘못 사용한 친구를 고르세요. ( )

① 희수: 7월이 되니 고온의 날씨에 습도도 높아졌어.

② 윤민: 이 세계 지도는 실제 크기를 감소해서 만든 거야.

③ 성진: 할머니께서는 눈이 잘 안 보인다면서 휴대 전화 글씨를 확대해서 보세요.

5 다음 문장을 읽고 '小'가 쓰인 한자 어휘가 들어 있는 문장을 모두 고르세요. (,)

① 워터파크 입장 요금은 소인이 30,000원입니다.

② 성진이 의견에 동의하는 사람은 소수에 불과했어요.

③ 소심한 성격은 어떤 일을 신중하게 생각하고 결정한다는 장점도 있다.

09 방향과 위치·1

월   일

✦ **한자의 뜻과 소리를 읽어 보세요.**

東

(뜻) (소리)

동녘 동

* '동쪽'의 뜻이 있어요.

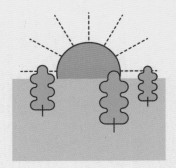

해가 떠서 나무에 걸려 있는 동쪽의 모습을 나타낸 글자예요.

✦ **한자 어휘를 소리 내 읽어 보고 빈칸에 한자 어휘를 쓰세요.**

東 양
큰 바다 洋

> (뜻) 유라시아 대륙의 **동쪽** 지역. 한국, 중국, 인도 등이 있다.
>
> (예문) 그 화가는 ☐☐ 의 아름다움을 그리는 작가예요.

東 풍
바람 風

> (뜻) **동쪽**에서 불어오는 바람.
>
> (예문) 강원도는 내일부터 ☐☐ 이 세게 불겠습니다.

東 해
바다 海

> (뜻) **동쪽**에 있는 바다.
>
> (예문) ☐☐ 와 서해는 수심이 달라요.

극 東
다할 極

> (뜻) **동쪽**의 맨 끝. (반) 극서
>
> (예문) 러시아 ☐☐ 지역 날씨가 예전과 다릅니다.

1 다음 글 안에 있는 한자의 뜻과 소리를 쓰세요.

꽃과 나비는 **東**양화에 많이 등장한다.

(뜻) _____

(소리) _____

2 빈칸에 공통으로 들어갈 한자 어휘에 ○ 하세요.

우리 가족은 주말에 [ ]로 해돋이 여행을 간다. 해는 동쪽에서 뜨기 때문에 [ ]가 해돋이 명소로 유명하다.

동해

서해

3 다음 한자 어휘의 알맞은 뜻에 ○ 하세요.

(1)	극동	동쪽의 맨 (끝 , 중간).

(2)	동풍	(동쪽 , 남쪽)에서 불어오는 바람.

어휘추론!

도움말 다른 하나는 '한가지 동(同)'을 써요.

4 다음 문장을 읽고 '東'이 쓰인 한자 어휘가 들어 있는 문장에 ✓ 하세요.

[ ] ① 이 집은 <u>동향</u>으로 지은 집이라 겨울에 춥다.

[ ] ② 학원에서 축구를 하다가 만난 영철이는 나랑 <u>동갑</u>이었다.

월   일

✦ 한자의 뜻과 소리를 읽어 보세요.

뜻 | 소리
서녘 서

* '서쪽'의 뜻이 있어요.
* '서양'의 뜻도 있어요.

해가 지는 모습을 나타낸 글자예요.

✦ 한자 어휘를 소리 내 읽어 보고 빈칸에 한자 어휘를 쓰세요.

西풍
바람 風

> 뜻 **서쪽**에서 불어오는 바람.
>
> 예문 [ ] 은 순우리말로 '하늬바람'이라고 해요.

西해
바다 海

> 뜻 **서쪽**에 있는 바다.
>
> 예문 [ ] 에 가면 갯벌을 볼 수 있다.

영 西
고개 嶺

> 뜻 강원도 대관령의 **서쪽** 지역.
>
> 예문 [ ] 지방은 겨울에 눈이 많이 내려요.

西양
큰 바다 洋

> 뜻 **서양**. 유럽과 아메리카 지역 전체.
>
> 예문 숫자 13은 [ ] 에서 불길한 숫자로 여겨진다.

* 이 어휘에서는 '서양'의 뜻으로 써요.

1 다음 글 안에 있는 한자의 뜻과 소리를 쓰세요.

나는 요즘 『어린이 西양 철학』이라는 책을 읽고 있어.

(뜻) _____

(소리) _____

2 빈칸에 공통으로 들어갈 한자 어휘에 ○ 하세요.

· [   ]는 동해보다 수심이 낮다.

· 우리는 휴가 때 [   ]로 가서 해가 지는 풍경을 보았다.

항해

서해

3 밑줄 친 부분의 뜻을 가진 한자 어휘에 ○ 하세요.

(1) 어제 오후부터 기온이 높고 건조한 서쪽에서 불어오는 바람 때문에 날씨가 더워졌다.

서풍

동풍

(2) 아빠의 고향은 강원도 대관령 서쪽 지역에 있는 화천이에요. 눈 내리는 겨울에 가면 좋아요.

영동

영서

4 다음 한자 어휘의 예문을 읽어 보고 뜻에 알맞은 말을 쓰세요.

동분서주

예문 후보자는 유세를 위해 아침부터 동분서주하고 있어요.

뜻 동쪽으로 뛰고 (   )으로 뛴다는 뜻. 몹시 바쁘게 돌아다님을 이르는 말.

월   일

✦ 한자의 뜻과 소리를 읽어 보세요.

뜻   소리
남녘   남

*'남쪽'의 뜻이 있어요.

휴전선 아래의 남쪽 지역인 남한(우리나라)을 나타낼 때 쓰는 글자예요.

✦ 한자 어휘를 소리 내 읽어 보고 빈칸에 한자 어휘를 쓰세요.

南 극
다할 極

뜻 지구의 **남쪽** 끝, 또는 그 주변의 지역.

예문 나는 ☐☐ 여행을 가 보는 게 꿈이다.

南 향
향할 向

뜻 **남쪽**으로 향함, 또는 그 방향.

예문 ☐☐으로 만든 집.

南 단
끝 端

뜻 **남쪽**의 끝.

예문 한강 철교 ☐☐ 부터 자전거를 타고 달렸어요.

南 대 문
큰 大   문 門

뜻 조선 시대 도성의 **남쪽** 정문.

예문 우리나라의 소중한 국보인 ☐☐☐.

1 다음 글 안에 있는 한자의 뜻과 소리를 쓰세요.

南극에 사는 황제펭귄은 펭귄 가운데 크기가 가장 크고, 무리를 지어 산다.

뜻 _____

소리 _____

2 다음 글을 읽고 빈칸에 들어갈 한자 어휘에 ○ 하세요.

우리나라의 가장 ⬜에 있는 섬은 '마라도'이다. 마라도는 제주도보다 더 남쪽에 있다.

남단

북단

3 밑줄 친 부분의 뜻을 가진 한자 어휘에 ○ 하세요.

(1) 이 집은 <u>남쪽으로 향해</u> 있어서 늘 따뜻해.

남방 　 남향

(2) 조선 시대 <u>도성의 남쪽 정문</u>을 뭐라고 하지?

서대문 　 남대문

도움말 다른 하나는 '사내 남(男)'을 써요.

4 다음 문장을 읽고 '南'이 쓰인 한자 어휘가 들어 있는 문장에 ✓ 하세요.

⬜ ① 우리 집 앞에 있는 고등학교는 <u>남녀공학</u>이에요.

⬜ ② 북쪽의 <u>남침</u>에 대비하기 위해 성을 높게 쌓았어요.

월   일

✦ 한자의 뜻과 소리를 읽어 보세요.

뜻 · 소리

북녘 **북**

* '북쪽'의 뜻이 있어요.
* '달아날 배'로도 써요. 예 패배

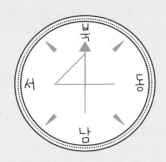

서로 등지고 있는 모습을 본떠 남쪽의 반대 방향인 북쪽을 나타낸 글자예요.

✦ 한자 어휘를 소리 내 읽어 보고 빈칸에 한자 어휘를 쓰세요.

北 한
한국 韓

> 뜻 　대한민국의 휴전선 **북쪽** 지역.
>
> 예문 　할머니의 친척들은 [ ][ ]에 살고 계신다.

北 문
문 門

> 뜻 　**북쪽**으로 난 문.
>
> 예문 　공원 [ ][ ] 쪽에 동물원이 있어요.

北 상
윗 上

> 뜻 　**북쪽**을 향해 올라감.
>
> 예문 　태풍이 [ ][ ] 하고 있습니다.

동 서 남 北
동녘 東　서녘 西　남녘 南

> 뜻 　동, 서, 남, **북쪽**. 모든 방향.
>
> 예문 　[ ][ ][ ][ ] 다 찾아보자.

1 다음 글 안에 있는 한자의 뜻과 소리를 쓰세요.

'라면'을 **北**한 말로 '꼬부랑국수'라고 해요.

(뜻) _____

(소리) _____

2 빈칸에 들어갈 한자 어휘를 쓰세요.

사막을 여행할 때는 길을 잃기 쉬워.
[　　　] 네 방향을 확인할 수 있게 나침반을
챙기도록 해.

(　　　　　　　　　)

3 밑줄 친 부분의 뜻을 가진 한자 어휘에 ○ 하세요.

(1) 아빠는 <u>북쪽으로 난 문</u>에 있는 주차장에 주차하셨다.

| 정문 | 북문 |

(2) 아주 큰 태풍이 <u>북쪽을 향해 올라가고</u> 있습니다.

| 북상 | 인상 |

4 다음 한자 어휘의 예문을 읽어 보고 뜻에 알맞은 말에 ○ 하세요.

북벌

예문 조선 시대에 청나라 <u>북벌</u>을 주장한 사람들이 있었어요.

뜻 무력으로 (북쪽 , 남쪽) 지방을 공격하는 일.

월   일

✦ 한자의 뜻과 소리를 읽어 보세요.

(뜻) (소리)

가운데 중

* '가운데, 속'의 뜻이 있어요.

과녁 중앙에 꽂힌 화살처럼 가운데를 나타낸 글자예요.

✦ 한자 어휘를 소리 내 읽어 보고 빈칸에 한자 어휘를 쓰세요.

中 앙
가운데 央

> (뜻) 사방의 중심이 되는 **한가운데**.
>
> (예문) 사무실 ☐☐ 에 탁자를 놓았어요.

中 간
사이 間

> (뜻) 두 물건이나 현상의 **가운데**.
>
> (예문) 학교와 집의 ☐☐ 에서 친구를 만나기로 했어.

中 순
열흘 旬

> (뜻) 한 달 중 **가운데** 열흘. 매월 11일~20일.
>
> (예문) 7월 ☐☐ 쯤 여름 방학을 해요.

산 中
메 山

> (뜻) 산의 **속**.
>
> (예문) 깊은 ☐☐ 에서 길을 잃었어요.

1 다음 글 안에 있는 한자의 뜻과 소리를 쓰세요.

안녕하십니까. 4월 15일 날씨를 알려 드립니다.
4월 **中**순인데 벌써 낮 기온이 28도입니다.

(뜻) _____

(소리) _____

2 다음 문장 안에 공통으로 들어갈 한자 어휘에 ○ 하세요.

- 거실 벽 ☐ 에 가족사진을 걸었어요.
- 차도 중간에 그은 차선을 ☐ 선이라고 한다.

중앙

중상

3 밑줄 친 부분의 뜻을 가진 한자 어휘에 ○ 하세요.

토요일에 친구네 가족과 등산을 했다. 우리 집과 친구네 집 ①가운데에서 만나 이동했다. 등산을 하다가 ②산속에 있는 절에서 잠시 쉬었다.

① 중간 | 중도

② 산중 | 산장

도움말 다른 하나는 '무거울 중(重)'을 써요.

4 다음 문장을 읽고 '中'이 쓰인 한자 어휘가 들어 있는 문장에 ✓ 하세요.

☐ ① 이 할인 쿠폰과 상품권은 <u>중복</u> 사용이 안 됩니다.

☐ ② 갑작스런 폭우로 광주행 기차 운행이 <u>중단</u>되었습니다.

1 다음 글 안에 있는 한자의 뜻과 소리를 쓰세요.

> 아빠: 다음 달 **中**순에 가기로 한 가족 여행은 어디로 가면 좋을까?
>
> 윤찬: 저는 **東**해도 가고 싶고 **西**해도 가고 싶어요.
>
> 해찬: 나는 우리나라 최**南**단에 있는 마라도에 가고 싶어.
>
> 엄마: 엄마는 우리 가족이랑 가면 동서남**北** 어디라도 좋아.

(1) 中 (   )   (2) 東 (   )

(3) 西 (   )   (4) 南 (   )

(5) 北 (   )

2 가로 열쇠, 세로 열쇠를 풀어 낱말 퍼즐을 완성하세요.

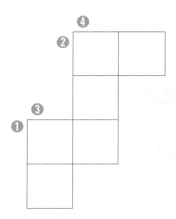

가로 열쇠

❶ 뜻 **북쪽**으로 난 문.
  예문 공원 ○○으로 나가면 카페가 있다.

❷ 뜻 **남쪽**의 끝.
  예문 부산 ○○에 가덕도라는 섬이 있어요.

세로 열쇠

❸ 뜻 **북쪽**을 향해 올라감.
  예문 겨울 철새가 ○○하고 있어요.

❹ 뜻 조선 시대 도성의 **남쪽** 정문.
  예문 ○○○은 옛날에 서울을 지키는 역할을 했어요.

3 <보기>의 글자 카드에서 알맞은 글자를 찾아 한자 어휘를 완성하세요.

보기

| 동 | 서 | 남 | 북 | 중 |

(1) 러시아 [극][ ] 지역에 아주 큰 항구를 짓는다고 한다.
    ↳ **동쪽**의 맨 끝.

(2) 아빠는 햇볕이 잘 든다는 [ ][향] 집으로 이사를 가자고 하세요.
    ↳ **남쪽**으로 향함, 또는 그 방향.

4 다음 한자 어휘의 예문을 읽어 보고 뜻에 알맞은 말에 ○ 하세요.

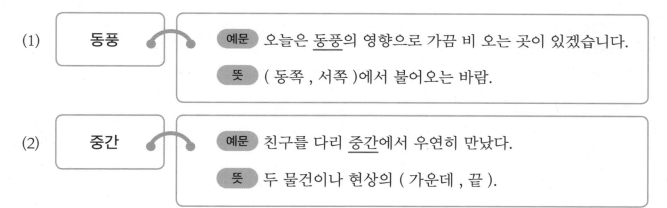

(1) **동풍**

예문 오늘은 <u>동풍</u>의 영향으로 가끔 비 오는 곳이 있겠습니다.

뜻 (동쪽 , 서쪽)에서 불어오는 바람.

(2) **중간**

예문 친구를 다리 <u>중간</u>에서 우연히 만났다.

뜻 두 물건이나 현상의 (가운데 , 끝).

5 한자 어휘의 뜻을 읽어 보고 빈칸에 공통으로 들어갈 글자를 쓰세요.

- 산[ ]: 산의 속.
- [ ]앙: 사방의 중심이 되는 **한가운데**.
- [ ]단: 어떤 일을 **중간**에 멈추거나 그만둠.

(   )

10 움직임·1

월   일

✦ 한자의 뜻과 소리를 읽어 보세요.

入

(뜻) (소리)
들 **입**

*'들다, 들이다'의 뜻이 있어요.

안으로 들어가는 방향을 나타낸 글자예요.

✦ 한자 어휘를 소리 내 읽어 보고 빈칸에 한자 어휘를 쓰세요.

구 入
살 購

(뜻) 물건 등을 사서 **들여옴**.

(예문) 그 인형은 이제 만들지 않아 [   ][   ]이 불가합니다.

入 학
배울 學

(뜻) 학생이 되어 공부하기 위해 학교에 **들어감**. (반)졸업

(예문) 올해 내 동생이 초등학교에 [   ][   ] 했어요.

入 원
집 院

(뜻) 환자가 치료하려고 일정한 기간 동안 병원에 **들어가** 머무는 것.

(예문) 엄마가 독감이 심해 [   ][   ] 하셨어요.

수 入
보낼 輸

(뜻) 다른 나라에서 상품이나 기술 등을 국내로 사서 **들여옴**.

(예문) 요즘 [   ][   ] 제품들이 많이 팔린다.

1 다음 글 안에 있는 한자의 뜻과 소리를 쓰세요.

친구가 **入**원해서 병문안을 갔어요.

(뜻) _____

(소리) _____

2 빈칸에 들어갈 한자 어휘를 <보기>에서 찾아 쓰세요.

보기

수출	입원	수입	구입

오늘 시장에서 바나나를 3,000원에 (　　　　　)했다. 대부분의 바나나는 열대 지방에서 생산되어 우리나라로 (　　　　　)되고 있다.

3 밑줄 친 부분의 뜻을 가진 한자 어휘에 ○ 하세요.

<u>학교에 들어가는</u> 모든 학생 여러분, 축하합니다.

전학	입학

어휘 추론!

도움말 다른 하나는 '설 립(입(立))'을 써요.

4 다음 문장을 읽고 '入'이 쓰인 한자 어휘가 들어 있는 문장에 ✔ 하세요.

[　] ① 호텔 객실에 <u>입실</u>하려면 십 분 더 기다려야 한다.

[　] ② 우리는 기차표가 없어서 기차를 <u>입석</u>으로 타야 했어요.

✦ 한자의 뜻과 소리를 읽어 보세요.

（뜻）（소리）
날 출

* '나다, 나가다'의 뜻이 있어요.

입구에서 발이 나오는 모습을 본떠 만든 글자예요.

✦ 한자 어휘를 소리 내 읽어 보고 빈칸에 한자 어휘를 쓰세요.

出 生
날 生

（뜻）세상에 **나옴**.

（예문）내가 ☐☐ 한 날은 20○○년 5월 3일이에요.

出 席
자리 席

（뜻）어떤 자리에 **나아가** 참석함. （반）결석

（예문）오늘은 너무 아파 학교에 ☐☐ 하지 못했어요.

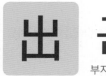

出 勤
부지런할 勤

（뜻）일터로 근무하러 **나가거나 나옴**. （반）퇴근

（예문）엄마는 오늘 평소보다 일찍 ☐☐ 하셨어요.

出 口
입 口

（뜻）밖으로 **나가는** 통로. （반）입구

（예문）☐☐ 는 엘리베이터 오른쪽에 있습니다.

1 다음 글 안에 있는 한자의 뜻과 소리를 쓰세요.

出근 시간이라 차가 많이 막혀요.

뜻 _____

소리 _____

2 빈칸에 들어갈 한자 어휘를 글자 카드에서 찾아 만들어 쓰세요.

선생님은 우리 반 아이들이 모두 (　　　　　)했는지 이름을 부르며 확인하셨다.

출　　근　　석

3 밑줄 친 부분의 뜻을 가진 한자 어휘를 찾아 선을 이으세요.

(1) 이 건물에서 <u>밖으로 나가는 통로</u>는 어디인가요?　　　•　　　•㉠　출구

(2) 아기가 <u>세상에 나오면</u> '응애응애' 하고 크게 울어요.　　　•　　　•㉡　출생

4 다음 한자 어휘의 예문을 읽어 보고 뜻에 알맞은 말에 ○ 하세요.

출처

예문 이 글의 출처는 ○○일보입니다.

뜻 사물이나 말 등이 생기거나 (나온 , 사라진) 근거.

월   일

✦ 한자의 뜻과 소리를 읽어 보세요.

來

뜻 올 소리 래(내)

* '오다'의 뜻이 있어요.
* '래'는 맨 앞에 오면 '내'로 읽고 써요.

안녕, 나는 미국에서 왔어.

미국에서 한국으로 위치를 옮긴 친구처럼 오다는 것을 나타낸 글자예요.

✦ 한자 어휘를 소리 내 읽어 보고 빈칸에 한자 어휘를 쓰세요.

來 일
날 日

뜻 오늘 바로 다음에 **올** 날.

예문 ☐☐ 은 드디어 나의 생일이다.

來 년
해 年

뜻 올해의 바로 다음에 **올** 해.

예문 작년에 군대에 간 삼촌은 ☐☐ 에 제대한다.

미 來
아닐 未

뜻 앞으로 **올** 때.

예문 나는 ☐☐ 세상은 어떤 모습일지 궁금하다.

전 來
전할 傳

뜻 예전부터 전하여 **옴**.

예문 내 동생은 ☐☐ 동화를 좋아한다.

1 다음 글 안에 있는 한자의 뜻과 소리를 쓰세요.

> 무서운 전**來** 동화를 읽고 잠을 못 잤어요.

(뜻) _____

(소리) _____

2 빈칸에 들어갈 한자 어휘를 <보기>에서 찾아 쓰세요.

보기			
내년	유래	작년	내일

> 오늘은 12월 30일이다. (   )은/는 올해의 마지막 날이다. 3월에 입학한 게 엊그제
> 같은데 시간이 정말 빠르다. (   )에는 2학년이 되니까 공부도 열심히 해야겠다.

3 밑줄 친 부분의 뜻을 가진 한자 어휘에 ○ 하세요.

> 사람들은 <u>앞으로 올 때</u>를 대비해 돈을 모으고 건강을 관
> 리한다.

초래	미래

어휘추론!

도움말 다른 하나는 '안 내(內)'를 써요.

4 다음 문장을 읽고 '來'가 쓰인 한자 어휘가 들어 있는 문장에 ✔ 하세요.

☐ ① 이번 주말에 외국의 유명 가수가 <u>내한</u> 공연을 한다.

☐ ② 이곳은 너무 추우니까 <u>실내</u>에 들어가서 대기해 주십시오.

✦ 한자의 뜻과 소리를 읽어 보세요.

뜻 소리

오를　등

* '오르다'의 뜻이 있어요.

높은 곳에 오르는 모습을 나타낸 글자예요.

✦ 한자 어휘를 소리 내 읽어 보고 빈칸에 한자 어휘를 쓰세요.

登 극
다할 極

뜻 어떤 분야에서 가장 높은 자리나 지위에 **오름**.

예문 그 선수는 국제 대회에서 정상에 ☐☐ 했다.

登 정
정수리 頂

뜻 산 등의 꼭대기에 **오름**.

예문 삼촌은 히말라야 ☐☐ 에 나섰어요.

登 장
마당 場

뜻 무대나 연단에 **오름**. 반 퇴장

예문 내가 좋아하는 가수가 무대에 ☐☐ 했어요.

登 록
기록할 錄

뜻 일정한 자격을 갖추기 위해 단체나 학교 등에 문서를 **올림**.

예문 오늘 태권도 학원에 ☐☐ 했어요.

1 다음 글 안에 있는 한자의 뜻과 소리를 쓰세요.

영어 학원에 수강 **登**록을 했어요.

뜻 _____

소리 _____

2 빈칸에 들어갈 한자 어휘에 ○ 하세요.

(1) 무대 왼쪽에서 [　　　]해서 오른쪽으로 퇴장하세요.

등단　|　등장

(2) 서류 [　　　]을 마친 콩쿠르 지원자는 대기해 주세요.

등록　|　등극

3 밑줄 친 부분의 뜻을 가진 한자 어휘를 찾아 선을 이으세요.

(1) 드디어 컴퓨터 게임에서 내가 1등에 올랐어요. • • ㉠ 등정

(2) 한라산 꼭대기에 오르면 인증서를 받을 수 있어요. • • ㉡ 등극

4 다음 한자 어휘 중 '登'이 쓰인 것에 ✓ 하세요.

[　] ① 소등 ➤ 등불을 끔.

[　] ② 등판 ➤ 야구에서 투수가 공을 던지려고 투수 자리에 올라서는 것.

✦ 한자의 뜻과 소리를 읽어 보세요.

(뜻) (소리)
움직일 **동**

* '움직이다'의 뜻이 있어요.

힘써(力) 움직이는 모습을 나타낸 글자예요.

✦ 한자 어휘를 소리 내 읽어 보고 빈칸에 한자 어휘를 쓰세요.

動 물
물건 物

(뜻) 스스로 **움직일** 수 있는 생물.

(예문) 아마존 밀림에는 다양한 [　][　]이 살아요.

활 動
살 活

(뜻) 몸을 **움직여** 행동함. 어떤 일의 성과를 거두기 위해 힘씀.

(예문) 다리를 다쳐 [　][　]이 어렵다.

감 動
느낄 感

(뜻) 크게 느껴 마음이 **움직임**.

(예문) 친구의 편지를 읽고 [　][　]했어요.

動 작
지을 作

(뜻) 몸, 손, 발 따위를 **움직임**, 또는 그런 모양.

(예문) 동생은 남은 과자를 잽싼 [　][　]으로 낚아챘어요.

1 다음 글 안에 있는 한자의 뜻과 소리를 쓰세요.

> 나는 늘 **動**작이 굼뜨다는 이야기를 듣는다.

(뜻) _____

(소리) _____

2 빈칸에 들어갈 한자 어휘를 <보기>에서 찾아 쓰세요.

> 보기
>
> 감동　　　　활동　　　　동작　　　　감상

(1) 엄마는 취미 (　　　　　)으로 서예를 배우신다.

(2) 아빠는 내 편지에 (　　　　　)을 받으셨다며 무척 흐뭇해하셨다.

3 퀴즈를 읽고 알맞은 답을 초성을 참고해 쓰세요.

> 나는 무엇일까요?
>
> **힌트 1.** 나는 살아있어요.
> **힌트 2.** 나는 스스로 움직여요.
> **힌트 3.** 사자, 코끼리, 개 등이 속해요.

ㄷ	ㅁ

어휘추론!

도움말 다른 하나는 '얼 동(凍)'을 써요.

4 다음 문장을 읽고 '動'이 쓰인 한자 어휘가 들어 있는 문장에 ✔ 하세요.

[　] ① 집 근처 산에 불이 나 119가 <u>출동</u>했어요.

[　] ② 영하의 날씨가 지속되어 수도관이 <u>동파</u>되었다.

1 다음 글 안에 있는 한자의 뜻과 소리를 쓰세요.

> 아빠는 요즘 살이 찐 것 같다면서 **登**산을 시작하셨다. 오늘은 나도 함께 했다. 처음에는 자신 있게 **出**발했는데 갈수록 너무나도 힘들었다. 중간에 편의점에서 구**入**한 초콜릿도 먹었지만 땀은 삐질, 다리는 후들. 정상에 올랐을 때, 아빠는 나에게 감**動**적인 풍경을 보라고 하셨다. 하지만 너무 힘들어 풍경이 눈에 들어오지 않았다. **來**일은 절대 따라오지 않겠다는 생각만 들었다.

(1) **登** (   )   (2) **出** (   )

(3) **入** (   )   (4) **動** (   )

(5) **來** (   )

2 <보기>의 글자 카드에서 알맞은 글자를 찾아 한자 어휘를 완성하세요.

보기

| 입 | 내 | 출 | 동 | 등 |

(1) 나는 유관순 위인전을 보고 [감 |] 을 받았다.
↳ 크게 느껴 마음이 **움직임**.

(2) 아빠는 동생의 [| 생] 신고를 하러 구청에 가셨다.
↳ 세상에 **나옴**.

(3) 우리나라의 산악인이 안나푸르나 [| 정] 에 성공했다.
↳ 산 등의 꼭대기에 **오름**.

3 다음 뜻과 예문에 맞는 한자 어휘를 초성을 참고하여 쓰세요.

(1)
ㅈ	ㄹ

뜻 예전부터 전하여 옴.
예문 이 ○○ 동요는 어린이들이 즐겨 불렀다.

(2)
ㅊ	ㄱ

뜻 일터로 근무하러 **나가거나 나옴**.
예문 내가 독감에 걸려 아빠가 ○○하지 않고 휴가를 내셨다.

(3)
ㄷ	ㅁ

뜻 스스로 **움직일** 수 있는 생물.
예문 멸종 위기 ○○이 점점 많아진다.

4 빈칸에 들어갈 한자 어휘를 <보기>에서 찾아 쓰세요.

보기

수입	미래	등록	활동

(1) 국내산 소고기보다 (　　　　)산 소고기가 비교적 저렴하다.

(2) 나는 100년 뒤 (　　　　) 도시의 모습이 어떨지 정말 궁금하다.

(3) 오늘 영어 학원에 (　　　　)해서 다음 주 월요일부터 다니기로 했다.

5 다음 문장을 읽고 '登'이 쓰인 한자 어휘가 들어 있는 문장을 모두 고르세요. (　　, 　　)

① 가수가 무대에 등장하자 큰 함성이 터져 나왔다.
② 집 앞 가로등의 등불이 켜지면서 골목이 환해졌다.
③ 그 선수는 챔피언 등극 이후 10년 간 최고의 자리를 지켰다.

오늘도 한 뼘 자랐습니다

어휘를 정복하는
한자의 힘

- ·정답 및 해설
- ·한자 음으로 찾아보기

정답 및 해설

01. 자연1

Day 01
11쪽

1 날, 일   2 (1) 일정 (2) 일기   3 ① - ⓒ, ② - ⑦   4 ①

도움말 4 '日'이 쓰인 한자 어휘는 '오늘의 바로 다음 날.'이라는 뜻의 '내일'입니다. '일류'는 '어떤 방면에서 첫째가는 지위나 부류.'라는 뜻으로 '一(한 일)'이 쓰였습니다.

Day 02
13쪽

1 달, 월   2 월급   3 (1) 그달 (2) 매달   4 ①

도움말 4 '月'이 쓰인 한자 어휘는 '그달의 끝 무렵.'이라는 뜻의 '월말'입니다. '월반'은 '학생의 성적이 뛰어나 상급 학년으로 건너뛰어 진급하는 일.'이라는 뜻으로 '越(넘을 월)'이 쓰였습니다.

Day 03
15쪽

1 불, 화   2 화재, 소화기   3 방화   4 ②

도움말 4 '火'가 쓰인 한자 어휘는 '불이나 뜨거운 것에 데어서 피부에 생긴 상처.'라는 뜻의 '화상'입니다. '화가'는 '그림을 전문적으로 그리는 사람.'이라는 뜻으로 '畵(그림 화)'가 쓰였습니다.

Day 04
17쪽

1 물, 수   2 수질   3 (1) - ⓒ, (2) - ⑦   4 ①

도움말 4 '水'가 쓰인 한자 어휘는 '좁은 구멍을 통해서 물을 위로 내뿜는 장치.'라는 뜻의 '분수'입니다. '세수'는 '손이나 얼굴을 씻음.'이라는 뜻으로 '手(손 수)'가 쓰였습니다.

Day 05
19쪽

1 나무, 목   2 목수   3 (1) 목판 (2) 목재   4 ②

도움말 4 '木'이 쓰인 한자 어휘는 '나무를 많이 심고 아껴 가꾸도록 권장하기 위하여 국가에서 정한 날.'이라는 뜻의 '식목일'입니다. '목표'는 '어떤 목적을 이루려고 지향하는 실제적 대상으로 삼음.'이라는 뜻으로 '目(눈 목)'이 쓰였습니다.

다지기
20~21쪽

1 (1) 날 일 (2) 달 월 (3) 불 화 (4) 나무 목 (5) 물 수   2 ❶ 일기 ❷ 화재 ❸ 일정 ❹ 소화기
3 (1) 수질 (2) 월간 (3) 목재   4 (1) 일출 (2) 화상   5 일몰, 내일

도움말 5 '일몰'과 '내일'은 모두 '日'이 쓰인 한자로 각각 '해'와 '날'의 뜻이 들어 있습니다. '일급'은 '여러 개의 등급 가운데 제일 위의 등급.'이라는 뜻으로 '一(한 일)'이 쓰였습니다.

Day 06

25쪽

1 쇠, 금 2 (1) - ㉠, (2) - ㉡ 3 (1) 금 (2) 쇠 4 ②

도움말 4 '金'이 쓰인 한자 어휘는 '돈, 보석, 중요한 서류 등 귀중한 물건을 보관하는 데 사용하는 상자나 창고.'라는 뜻의 '금고'입니다. '금지'는 '법이나 규칙이나 명령으로 어떤 행위를 하지 못하게 함.'이라는 뜻으로 '禁(금할 금)'이 쓰였습니다.

Day 07

27쪽

1 흙, 토 2 (1) 토종 (2) 농토 3 토기 4 ①

도움말 4 '土'가 쓰인 한자 어휘는 '흙으로 쌓아 올린 성.'이라는 뜻의 '토성'입니다. '토론'은 '어떤 문제에 대하여 여러 사람이 각각 의견을 말하며 논의함.'이라는 뜻으로 '討(칠 토)'가 쓰였습니다.

Day 08

29쪽

1 메, 산 2 (1) 광산 (2) 산수화 3 ① 등산 ② 산성 4 ①

도움말 4 '山'이 쓰인 한자 어휘는 '산에서 내려오거나 내려감.'이라는 뜻의 '하산'입니다. '산책'에는 '散(흩을 산)'이 쓰였습니다.

Day 09

31쪽

1 하늘, 천 2 천동설 3 (1) - ㉡, (2) - ㉠ 4 ①

도움말 4 '天'이 쓰인 한자 어휘는 '하늘과 땅을 아울러 이르는 말.'이라는 뜻의 '천지'입니다. '온천'은 '지열로 뜨겁게 데워진 지하수로 목욕할 수 있게 만든 시설, 또는 그런 지하수가 나오는 장소.'라는 뜻으로 '泉(샘 천)'이 쓰였습니다.

Day 10

33쪽

1 땅, 지 2 지도 3 (1) 습지 (2) 지진 4 ①

도움말 4 '地'가 쓰인 한자 어휘는 '어떤 특징이나 일정한 기준에 따라 범위를 나눈 땅.'이라는 뜻의 '지역'입니다. '소지'는 '어떤 물건이나 자격을 가지고 있음.'이라는 뜻으로 '持(가질 지)'가 쓰였습니다.

다지기

34~35쪽

1 (1) 하늘 천 (2) 메 산 (3) 땅 지 (4) 쇠 금 (5) 흙 토 2 ❶ 산성 ❷ 천지 ❸ 천성 ❹ 습지
3 ① 요금 ② 지진 ③ 토종 ④ 광산 4 (1) 지하철 (2) 천동설 (3) 산수화 5 등산, 하산

도움말 5 '등산'과 '하산'은 모두 '山'이 쓰인 한자로 '산'의 뜻이 들어 있습니다. '산책'은 '휴식, 건강을 위해 천천히 걷는 것.'이라는 뜻으로 '散(흩을 산)'이 쓰였습니다.

Day 11

39쪽

1 배울, 학   2 학습   3 ① 수학 ② 학비   4 학문

도움말 4 '학자'는 '學(배울 학)'이 쓰인 한자 어휘로 '학문을 연구하는 사람.'이라는 뜻입니다.

Day 12

41쪽

1 학교, 교   2 교내   3 (1) 교가 (2) 등교   4 ①

도움말 4 '校'가 쓰인 한자 어휘는 '공부를 끝내고 학교에서 집으로 돌아옴.'이라는 뜻의 '하교'입니다. '육교'는 '사람들이 안전하게 횡단할 수 있도록 공중으로 건너질러 놓은 다리.'라는 뜻으로 '橋(다리 교)'가 쓰였습니다.

Day 13

43쪽

1 먼저, 선   2 선발대   3 (1) 선공 (2) 선두   4 ②

도움말 4 '선불'은 '先(먼저 선)'이 쓰인 한자 어휘로 '일이 끝나기 전이나 물건을 받기 전에 미리 돈을 치름.'이라는 뜻입니다.

Day 14

45쪽

1 날, 생   2 생존   3 (1) 생일 (2) 생동감   4 태어나서

도움말 4 '야생'은 '生(날 생)'이 쓰인 한자 어휘로 '산이나 들에서 저절로 태어나서 자람, 또는 그런 생물.'이라는 뜻입니다.

Day 15

47쪽

1 가르칠, 교   2 교육, 교실   3 교과서   4 ①

도움말 4 '효과적으로 가르치고 배우게 하기 위해 사용하는 도구.'라는 뜻의 '교구'가 '敎(가르칠 교)'가 쓰인 한자 어휘입니다. '비교'에는 '較(견줄 교)'가 쓰였습니다.

다지기

48~49쪽

1 (1) 배울 학 (2) 학교 교 (3) 가르칠 교 (4) 먼저 선 (5) 날 생   2 (1) 학비 (2) 교내 (3) 선두 (4) 생존 (5) 교육   3 (1) 생동감 (2) 선배 (3) 교과서   4 (1) 등교 (2) 학습   5 선

도움말 5 세 한자 어휘의 뜻풀이에 '먼저, 미리'의 뜻이 있으므로 '먼저 선(先)'이 공통으로 들어갑니다.

Day 16

53쪽

| **1** 아버지, 부 | **2** 부계 | **3** (1) - ㉠, (2) - ㉡ | **4** 아버지 |

도움말 **4** '부전자전'은 '父(아버지 부)'가 들어 있는 한자 어휘로 '아버지의 성격이나 버릇을 아들이 닮는 것.'을 뜻하는 사자성어입니다.

Day 17

55쪽

| **1** 어머니, 모 | **2** (1) 모계 (2) 모교 | **3** 모음 | **4** ① |

도움말 **4** '母'가 쓰인 한자 어휘는 '자기가 태어난 나라.'라는 뜻의 '모국'입니다. '모범'은 '본받아 배울 만한 대상.'이라는 뜻으로 '模(본뜰 모)'가 쓰였습니다.

Day 18

57쪽

| **1** 형, 형 | **2** 형수, 형부 | **3** 형제 | **4** ② |

도움말 **4** '兄'이 쓰인 한자 어휘는 '누구를 형이라 하고 누구를 아우라 하기 어렵다는 뜻으로, 두 사물이 비슷하여 낫고 못함을 정하기 어려움을 이르는 말.'이라는 '난형난제'입니다. '도형'은 '그림의 모양이나 형태.'라는 뜻으로 '形(모양 형)'이 쓰였습니다.

Day 19

59쪽

| **1** 아우, 제 | **2** (1) 제자 (2) 사제 | **3** 의형제 | **4** ② |

도움말 **4** '여러 제자 가운데 배움이 가장 뛰어난 제자.'라는 뜻의 '수제자'가 '弟(아우 제)'가 쓰인 한자 어휘입니다. '기우제'에는 '祭(제사 제)'가 쓰였습니다.

Day 20

61쪽

| **1** 마디, 촌 | **2** 삼촌 | **3** (1) 짧은 (2) 짧은 | **4** ① |

도움말 **4** '寸'이 쓰인 한자 어휘는 '아버지의 친형제자매의 아들이나 딸과의 촌수.'라는 뜻의 '사촌'입니다. '어촌'은 '어민(漁民)들이 모여 사는 바닷가 마을.'이라는 뜻으로 '村(마을 촌)'이 쓰였습니다.

다지기

62~63쪽

1 (1) 형 형 (2) 아우 제 (3) 아버지 부 (4) 어머니 모 (5) 마디 촌 **2** (1) 촌각 (2) 모교 (3) 부전자전 **3** ❶ 의형제 ❷ 친형 **4** (1) 부녀 (2) 삼촌 **5** ①, ②

도움말 **5** '모음'과 '모국'은 모두 '母'가 쓰인 한자 어휘입니다. '모범상'은 '모범을 보인 사람에게 주는 상.'이라는 뜻으로 '模(본뜰 모)'가 쓰였습니다.

Day 21

67쪽

1 사람, 인   2 (1) 인기 (2) 인체   3 인권   4 ②

도움말 4 '人'이 쓰인 한자 어휘는 '길을 가는 사람.'이라는 뜻의 '행인'입니다. '인과'는 '원인과 결과를 아울러 이르는 말.'이라는 뜻으로 '因(인할 인)'이 쓰였습니다.

Day 22

69쪽

1 여자, 녀(여)   2 여우   3 (1) 여왕 (2) 여아   4 ②

도움말 4 '女'가 쓰인 한자 어휘는 '현역에 복무하고 있는 여자 군인.'이라는 뜻의 '여군'입니다. '여행'은 '일이나 유람을 목적으로 다른 고장이나 외국에 가는 일.'이라는 뜻으로 '旅(나그네 려(여))'가 쓰였습니다.

Day 23

71쪽

1 사내, 남   2 (1) 남아 (2) 장남   3 (1) - ㉠, (2) - ㉡   4 ②

도움말 4 '男'이 쓰인 한자 어휘는 '성(性)의 측면에서 남자를 이르는 말.'이라는 뜻의 '남성'입니다. '남향'은 '남쪽으로 향함, 또는 그 방향.'이라는 뜻으로 '南(남녘 남)'이 쓰였습니다.

Day 24

73쪽

1 아들, 자   2 (1) 왕자 (2) 자손 (3) 모자   3 자녀   4 ①

도움말 4 '부모를 잘 섬기는 아들.'이라는 뜻의 '효자'가 '子(아들 자)'가 쓰인 한자 어휘입니다. '자동'에는 '自(스스로 자)'가 쓰였습니다.

Day 25

75쪽

1 마음, 심   2 (1) 관심 (2) 결심   3 (1) - ㉠ (2) - ㉡   4 ②

도움말 4 '心'이 쓰인 한자 어휘는 '거짓이 없는 참된 마음.'이라는 뜻의 '진심'입니다. '심해'는 '깊은 바다.'라는 뜻으로 '深(깊을 심)'이 쓰였습니다.

다지기

76~77쪽

1 (1) 여자 녀(여) (2) 아들 자 (3) 사람 인 (4) 마음 심 (5) 사내 남   2 (1) 남매 (2) 인권 (3) 자손   3 (1) 인체 (2) 행인 (3) 인기   4 (1) 자녀 (2) 장남 (3) 결심   5 심

도움말 5 세 한자 어휘의 뜻풀이 안에 '마음, 가운데'의 뜻이 있으므로 '마음 심(心)'이 공통으로 들어갑니다.

Day 26

81쪽

1 한, 일　　2 통일　　3 (1) - ⓒ, (2) - ⓐ　　4 ②

> 도움말 4 '一'이 쓰인 한자 어휘는 '으뜸가는 등급.'이라는 뜻의 '일등'입니다. '일출'은 '해가 뜸.'이라는 뜻으로 '日(날 일)'이 쓰였습니다.

Day 27

83쪽

1 두, 이　　2 이중　　3 (1) - ⓒ, (2) - ⓐ　　4 ①

> 도움말 4 '二'가 쓰인 한자 어휘는 '두 사람이 나란히 서서 서로 맞닿은 쪽의 발목을 묶어 세 발처럼 하여 함께 뛰는 경기.'라는 뜻의 '이인삼각'입니다. '이사'는 '사는 곳을 다른 데로 옮김.'이라는 뜻으로 '移(옮길 이)'가 쓰였습니다.

Day 28

85쪽

1 석, 삼　　2 삼대　　3 (1) 삼중주 (2) 삼행시　　4 ①

> 도움말 4 '三'이 쓰인 한자 어휘는 '서너 사람 또는 대여섯 사람이 떼를 지어 다니거나 무슨 일을 함, 또는 그런 모양.'이라는 뜻의 '삼삼오오'입니다. '삼림'은 '나무가 많이 우거진 숲.'이라는 뜻으로 '森(수풀 삼)'이 쓰였습니다.

Day 29

87쪽

1 넉, 사　　2 사계절　　3 (1) 사각형 (2) 사대문　　4 ②

> 도움말 4 '동양화에서 매화, 난초, 국화, 대나무 네 가지를 그린 그림.'이라는 뜻의 '사군자'가 '四(넉 사)'가 쓰인 한자 어휘입니다. '변호사'에는 '士(선비 사)'가 쓰였습니다.

Day 30

89쪽

1 다섯, 오　　2 (1) 오곡 (2) 오감　　3 오륜기　　4 ②

> 도움말 4 '五'가 쓰인 한자 어휘는 '지구를 둘러싸고 있는 다섯 대양.'이라는 뜻의 '오대양'입니다. '오전'은 '밤 열두 시부터 낮 열두 시까지의 시간.'이라는 뜻으로 '午(낮 오)'가 쓰였습니다.

다지기

90~91쪽

1 (1) 한 일 (2) 두 이 (3) 석 삼 (4) 넉 사 (5) 다섯 오　　2 (1) 일회용 (2) 오감 (3) 삼중주
3 (1) 오곡 (2) 삼각형 (3) 사대문　　4 (1) 사계절 (2) 오대양 (3) 이륜차　　5 이층집, 이인승

> 도움말 5 '이층집'과 '이인승'이 '二'가 쓰인 한자 어휘입니다. '이사'는 '사는 곳을 다른 데로 옮김.'이라는 뜻으로 '移(옮길 이)'가 쓰였습니다.

Day 31

95쪽

1 여섯, 륙(육)	2 유월	3 육각형	4 ①

도움말 4 '六'이 쓰인 한자 어휘는 '1950년 6월 25일 새벽에 북한군이 북위 38도선 이남으로 기습적으로 침공함으로써 일어난 전쟁.'이라는 뜻의 '육이오'입니다. '정육점'은 '쇠고기, 돼지고기 등을 파는 가게.'라는 뜻으로 '肉(고기 육)'이 쓰였습니다.

Day 32

97쪽

1 일곱, 칠	2 칠음	3 (1) 칠순 (2) 칠석	4 일곱

도움말 4 '북두칠성'은 '일곱 칠(七)'이 쓰인 한자 어휘로 '북쪽 하늘에 국자 모양으로 뚜렷하게 빛나는 일곱 개의 별.'이라는 뜻입니다.

Day 33

99쪽

1 여덟, 팔	2 팔각정	3 (1) 팔순 (2) 팔도	4 여덟

도움말 4 '팔경'은 '여덟 팔(八)'이 쓰인 한자 어휘로 '어떤 지역에서 뛰어나게 아름다운 여덟 군데의 경치.' 라는 뜻입니다.

Day 34

101쪽

1 아홉, 구	2 (1) 구일 (2) 구구단	3 구공탄	4 ①

도움말 4 '九'가 쓰인 한자 어휘는 '아홉 번 죽을 뻔하다 한 번 살아난다는 뜻으로, 죽을 고비를 여러 차례 넘기고 겨우 살아남을 이르는 말.'인 '구사일생'입니다. '구조'는 '재난 따위를 당하여 어려운 처지 에 빠진 사람을 구하여 줌.'이라는 뜻으로 '求(구할 구)'가 쓰였습니다.

Day 35

103쪽

1 열, 십	2 시월	3 (1) 十 (2) 열	4 열

도움말 4 '십중팔구'는 '열 십(十)'이 들어 있는 한자 어휘로 '열 가운데 여덟이나 아홉 정도로 거의 대부분.' 이라는 뜻입니다.

다지기

104~105쪽

1 (1) 일곱 칠 (2) 여덟 팔 (3) 여섯 륙(육) (4) 아홉 구 (5) 열 십   2 (1) 십장생 (2) 육각형
(3) 칠석   3 ① 칠순 ② 팔각정 ③ 구구단 ④ 십자가   4 (1) 구공탄 (2) 시월
5 ①, ②

도움말 5 '아홉 구(九)'가 쓰인 한자 어휘는 '구사일생'과 '십중팔구'입니다. '승승장구'는 '싸움에 이긴 형세 를 타고 계속 몰아침.'이라는 뜻으로 '몰 구(驅)'가 쓰였습니다.

Day 36
109쪽

1 큰, 대 **2** (1) 대가족 (2) 대륙 **3** 확대 **4** ②

> **도움말** **4** '大'가 쓰인 한자 어휘는 '규모가 큰 다리.'라는 뜻의 '대교'입니다. '대표'는 '전체를 대표하는 사람.'이라는 뜻으로 '代(대신할 대)'가 쓰였습니다.

Day 37
111쪽

1 작을, 소 **2** 소인 **3** (1) 작게 (2) 작은 **4** ②

> **도움말** **4** '小'가 쓰인 한자 어휘는 '화성과 목성 사이의 궤도에서 태양의 둘레를 공전하는 작은 행성.'이라는 뜻의 '소행성'입니다. '소식'은 '멀리 떨어져 있는 사람의 사정을 알리는 말이나 글.'이라는 뜻으로 '消(사라질 소)'가 쓰였습니다.

Day 38
113쪽

1 많을, 다 **2** ② **3** (1) 많음 (2) 많음 **4** ②

> **도움말** **4** '多'가 쓰인 한자 어휘는 '많으면 많을수록 더욱 좋음.'이라는 뜻의 '다다익선'입니다. '다반사'는 '차를 마시고 밥을 먹는 일이라는 뜻으로, 보통 있는 예사로운 일을 이르는 말.'로 '茶(차 다)'가 쓰였습니다.

Day 39
115쪽

1 적을, 소 **2** (1) 최소 (2) 소수 **3** 감소 **4** ②

> **도움말** **4** '少'가 쓰인 한자 어휘는 '매우 드물고 적음.'이라는 뜻의 '희소'입니다. '미소'는 '소리 없이 빙긋이 웃음, 또는 그런 웃음.'이라는 뜻으로 '笑(웃음 소)'가 쓰였습니다.

Day 40
117쪽

1 높을, 고 **2** 고층 **3** (1) - ⓛ, (2) - ㉠ **4** ②

> **도움말** **4** '高'가 쓰인 한자 어휘는 '높은 소리.'라는 뜻의 '고음'입니다. '고민'은 '마음속으로 괴로워하고 애를 태움.'이라는 뜻으로 '苦(쓸 고)'가 쓰였습니다.

다지기
118~119쪽

1 (1) 높을 고 (2) 많을 다 (3) 적을 소 (4) 큰 대 (5) 작을 소 **2** ❶ 대가족 ❷ 대륙 ❸ 고가
3 (1) - ⓛ (2) - ㉠ (3) - ㉣ (4) - ㉢ **4** ② **5** ①, ③

> **도움말** **4** ②번 문장에서는 '감소'가 아닌 '모양이나 규모 등을 줄여서 작게 함.'이라는 뜻의 '축소'가 쓰여야 합니다.
> **5** '소인'과 '소심'은 '小(작을 소)'가 쓰인 한자 어휘입니다. '소심'은 '대담하지 못하고 조심성이 지나치게 많음.'이라는 뜻입니다. '적은 수효.'를 의미하는 '소수'는 '少(적을 소)'가 쓰인 한자 어휘입니다.

Day 41

123쪽

1 동녘, 동   2 동해   3 (1) 끝 (2) 동쪽   4 ①

도움말 4 '東'이 쓰인 한자 어휘는 '동쪽으로 향함, 또는 그 방향.'이라는 뜻의 '동향'입니다. '동갑'은 '같은 나이, 또는 나이가 같은 사람.'이라는 뜻으로 '同(한가지 동)'이 쓰였습니다.

Day 42

125쪽

1 서녘, 서   2 서해   3 (1) 서풍 (2) 영서   4 서쪽

도움말 4 '동분서주'는 '西(서녘 서)'가 들어 있는 한자 어휘로 '동쪽으로 뛰고 서쪽으로 뛴다는 뜻으로 몹시 바쁘게 돌아다님.'을 뜻합니다.

Day 43

127쪽

1 남녘, 남   2 남단   3 (1) 남향 (2) 남대문   4 ②

도움말 4 '南'이 쓰인 한자 어휘는 '북쪽에서 남쪽을 침범함.'이라는 뜻의 '남침'입니다. '남녀공학'은 '남자와 여자를 같은 학교에서 또는 같은 반에서 함께 교육하는 일, 또는 그런 학교.'로 '男(사내 남)'이 쓰였습니다.

Day 44

129쪽

1 북녘, 북   2 동서남북   3 (1) 북문 (2) 북상   4 북쪽

도움말 4 '북벌'은 '北(북녘 북)'이 쓰인 한자 어휘로 '무력으로 북쪽 지방을 공격하는 일.'을 뜻합니다.

Day 45

131쪽

1 가운데, 중   2 중앙   3 ① 중간 ② 산중   4 ②

도움말 4 '中'이 쓰인 한자 어휘는 '어떤 일을 중간에 멈추거나 그만둠.'이라는 뜻의 '중단'입니다. '중복'은 '거듭하거나 겹침.'이라는 뜻으로 '重(무거울 중)'이 쓰였습니다.

다지기

132~133쪽

1 (1) 가운데 중 (2) 동녘 동 (3) 서녘 서 (4) 남녘 남 (5) 북녘 북   2 ❶ 북문 ❷ 남단 ❸ 북상 ❹ 남대문   3 (1) 극동 (2) 남향   4 (1) 동쪽 (2) 가운데   5 중

도움말 5 세 한자 어휘의 뜻풀이에 '가운데, 속, 중간'의 뜻이 있으므로 '가운데 중(中)'이 공통으로 들어갑니다.

Day 46
137쪽

1 들, 입   2 구입, 수입   3 입학   4 ①

도움말 4 'ᆺ'이 쓰인 한자 어휘는 '건물 안의 방이나 교실, 병실 따위에 들어감.'이라는 뜻의 '입실'입니다. '입석'은 '열차, 버스, 극장 따위에서 지정된 자리가 없어 서서 타거나 구경하는 자리.'라는 뜻으로 '立(설 립(입))'이 쓰였습니다.

Day 47
139쪽

1 날, 출   2 출석   3 (1) - ㉠, (2) - ㉡   4 나온

도움말 4 '출처'는 '出(날 출)'이 쓰인 한자 어휘로 '사물이나 말 등이 생기거나 나온 근거.'를 뜻합니다.

Day 48
141쪽

1 올, 래(내)   2 내일, 내년   3 미래   4 ①

도움말 4 '來'가 쓰인 한자 어휘는 '외국인이 한국에 옴.'이라는 뜻의 '내한'입니다. '실내'는 '방이나 건물 따위의 안.'이라는 뜻으로 '內(안 내)'가 쓰였습니다.

Day 49
143쪽

1 오를, 등   2 (1) 등장 (2) 등록   3 (1) - ㉡, (2) - ㉠   4 ②

도움말 4 '登'이 쓰인 한자 어휘는 '야구에서 투수가 공을 던지려고 투수 자리에 올라서는 것.'이라는 뜻의 '등판'입니다. '소등'에는 '燈(등 등)'이 쓰였습니다.

Day 50
145쪽

1 움직일, 동   2 (1) 활동 (2) 감동   3 동물   4 ①

도움말 4 '動'이 쓰인 한자 어휘는 '부대 따위가 일정한 목적을 실행하기 위하여 떠남.'이라는 뜻의 '출동'입니다. '동파'는 '얼어서 터짐.'이라는 뜻으로 '凍(얼 동)'이 쓰였습니다.

다지기
146~147쪽

1 (1) 오를 등 (2) 날 출 (3) 들 입 (4) 움직일 동 (5) 올 래(내)   2 (1) 감동 (2) 출생 (3) 등정
3 (1) 전래 (2) 출근 (3)동물   4 (1) 수입 (2) 미래 (3) 등록   5 ①, ③

도움말 5 '등장'과 '등극'은 '登'이 사용된 한자 어휘입니다. '등에 켠 불.'을 의미하는 '등불'은 '등 등(燈)'이 쓰인 한자 어휘입니다.

특별
부록

한자
쓰기

필순에 맞춰 멋지게 써 보자!

한자를 쓰는 순서, 필순을 알면 쉬워요

한자의 필순(筆順)이란 한자를 쓰는 순서를 말해요. 필순을 지켜서 한자를 쓰면 쓰기도 편하고 모양도 아름답습니다. 다음은 한자의 기본적인 필순 규칙이에요. 이를 모두 외울 필요는 없습니다. 가볍게 살펴보고 시작하세요. 각 한자마다 제시된 획순에 맞게 쓰다 보면 자연스럽게 익혀집니다.

1. 위쪽에 있는 획부터 쓴다.

三　　一　二　三

2. 왼쪽에 있는 획부터 쓴다.

川　　丿　川　川

3. 가로획과 세로획이 만날 경우 가로획을 먼저 쓴다.

十　　一　十

4. 좌우 모양이 같을 때는 가운데를 먼저 쓰고, 왼쪽 오른쪽의 순서로 쓴다.

小　　丿　小　小

5. 바깥 둘레가 있는 글자는 바깥을 먼저 쓰고 안을 나중에 쓴다.

同　　丨　冂　冂　冋　同　同

6. 삐침(丿)과 파임(乀)이 만날 때에는 삐침 먼저 쓴다.

父　　丶　八　父　父

7. 가운데를 꿰뚫는 획은 나중에 쓴다.

中　　丨　口　口　中

8. '辶'은 맨 마지막에 쓴다.

近　　一　厂　斤　斤　斤　沂　沂　近

▶ 한자의 훈과 음을 소리 내며 한자를 쓰세요.

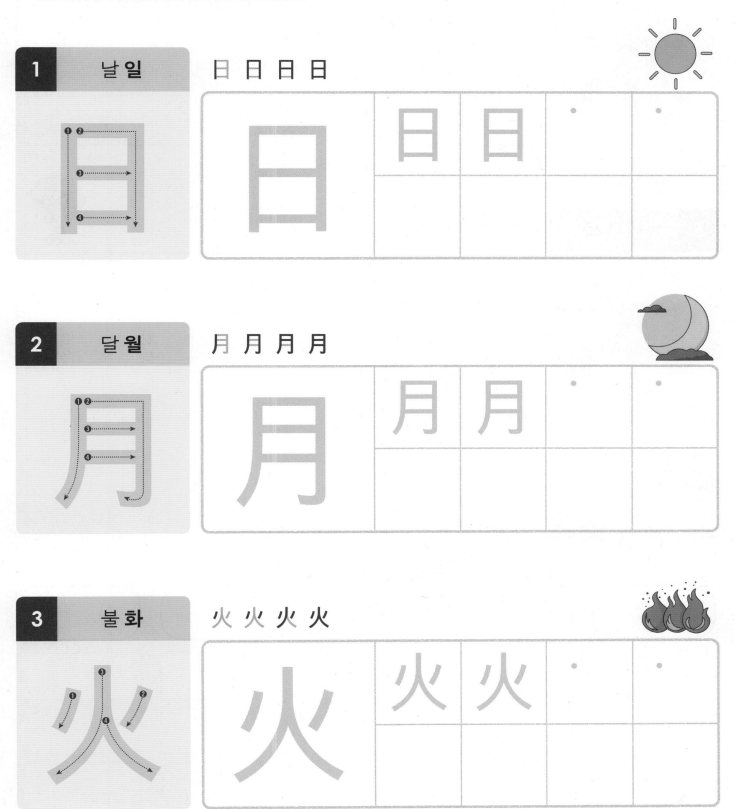

1 날 일 日 日 日 日

2 달 월 月 月 月 月

3 불 화 火 火 火 火

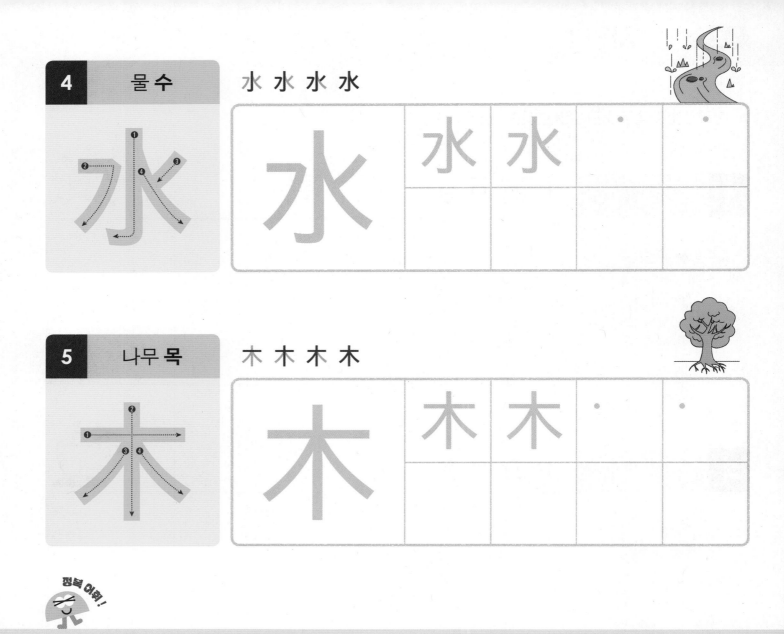

4 물 **수**　水 水 水 水

5 나무 **목**　木 木 木 木

정복 어휘!

다음 한자의 훈과 음을 쓰고, 그 한자가 들어간 한자 어휘를 두 개 이상 써 보세요.

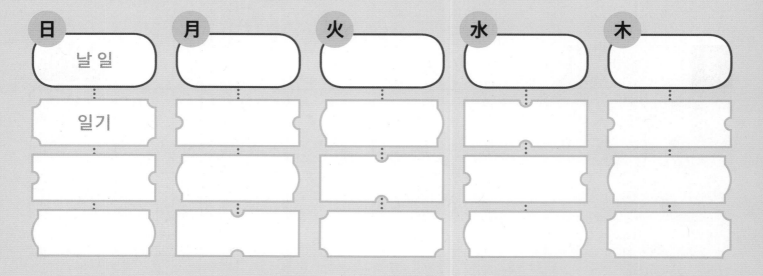

日	**月**	**火**	**水**	**木**
날 일				
일기				

▶ 한자의 훈과 음을 소리 내며 한자를 쓰세요.

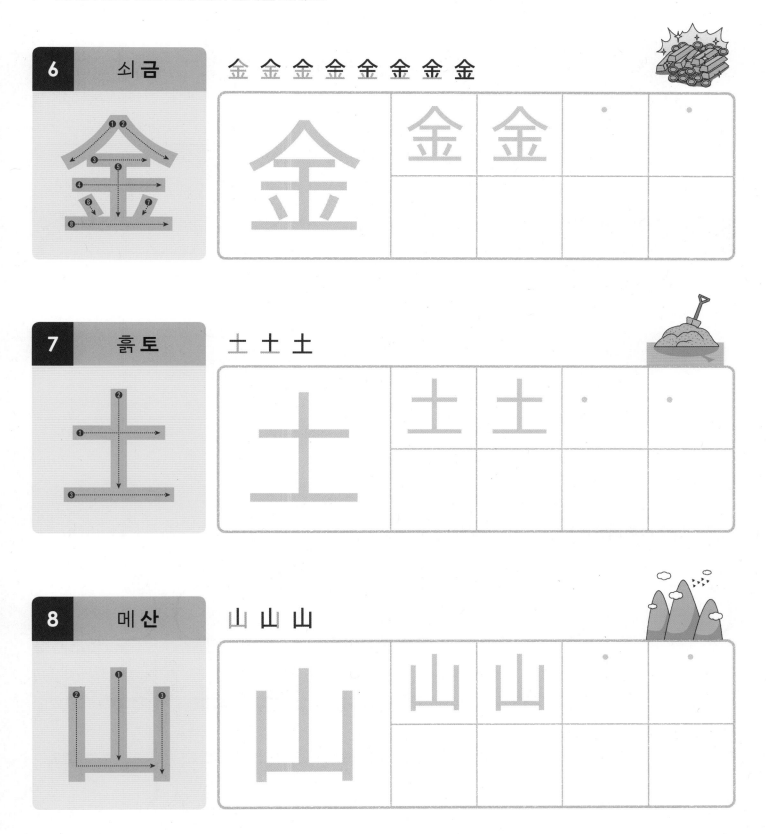

6	쇠 금

金 金 金 金 金 金 金 金

金 | 金 | 金 | | |

7	흙 토

土 土 土

土 | 土 | 土 | | |

8	메 산

山 山 山

山 | 山 | 山 | | |

9	하늘 천	天 天 天 天

天	天	天	·	·

10	땅 지	地 地 地 地 地 地

地	地	地	·	·

다음 한자의 훈과 음을 쓰고, 그 한자가 들어간 한자 어휘를 두 개 이상 써 보세요.

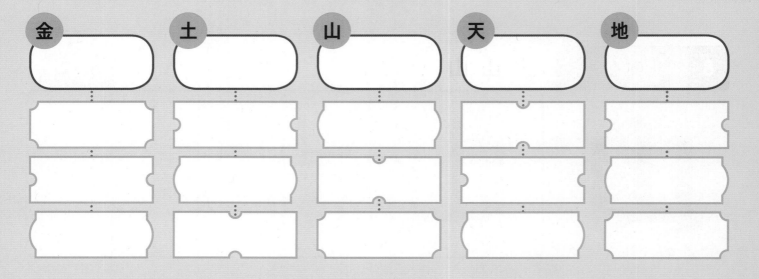

金	土	山	天	地

▶ 한자의 훈과 음을 소리 내며 한자를 쓰세요.

11	배울 **학**

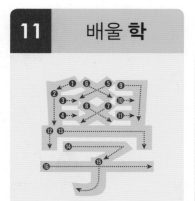

12	학교 **교**

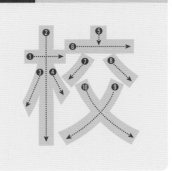

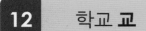

13	먼저 **선**

14 날 생

生 生 生 生 生

15 가르칠 교

敎 敎 敎 敎 敎 敎 敎 敎 敎 敎 敎

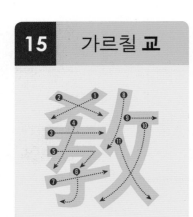

 정복 어휘!

다음 한자의 훈과 음을 쓰고, 그 한자가 들어간 한자 어휘를 두 개 이상 써 보세요.

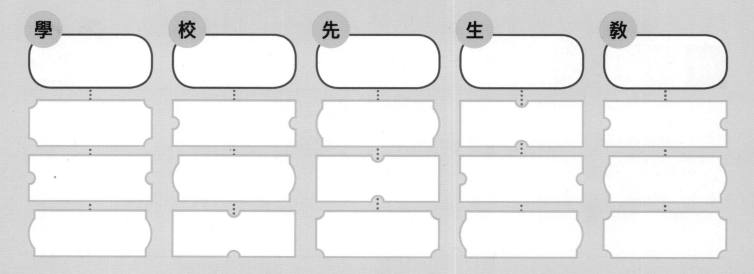

學   校   先   生   敎

▶ 한자의 훈과 음을 소리 내며 한자를 쓰세요.

16	아버지 **부**

父 父 父 父

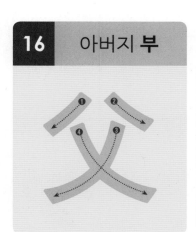

17	어머니 **모**

母 母 母 母 母

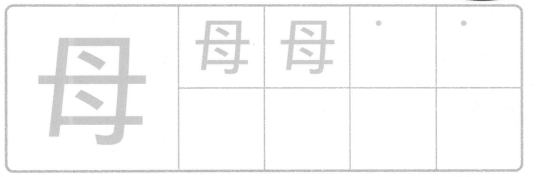

18	형 **형**

兄 兄 兄 兄 兄

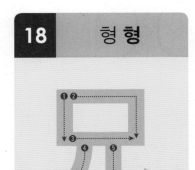

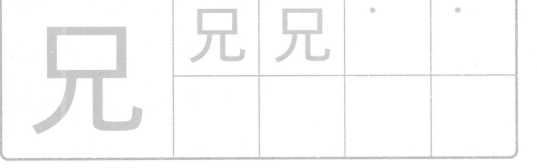

| 19 | 아우 제 | 弟 弟 弟 弟 弟 弟 弟 |

| 20 | 마디 촌 | 寸 寸 寸 |

다음 한자의 훈과 음을 쓰고, 그 한자가 들어간 한자 어휘를 두 개 이상 써 보세요.

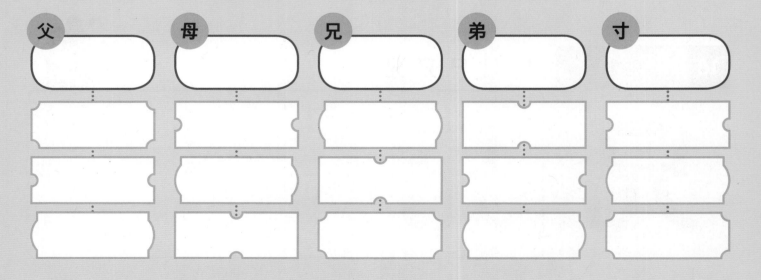

| 父 | 母 | 兄 | 弟 | 寸 |

▶ 한자의 훈과 음을 소리 내며 한자를 쓰세요.

21 사람 **인**	人 人

人

人	人		

22 여자 **녀**	女 女 女

女

女	女		

23 사내 **남**	男 男 男 男 男 男 男

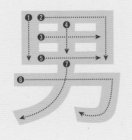

男

男	男		

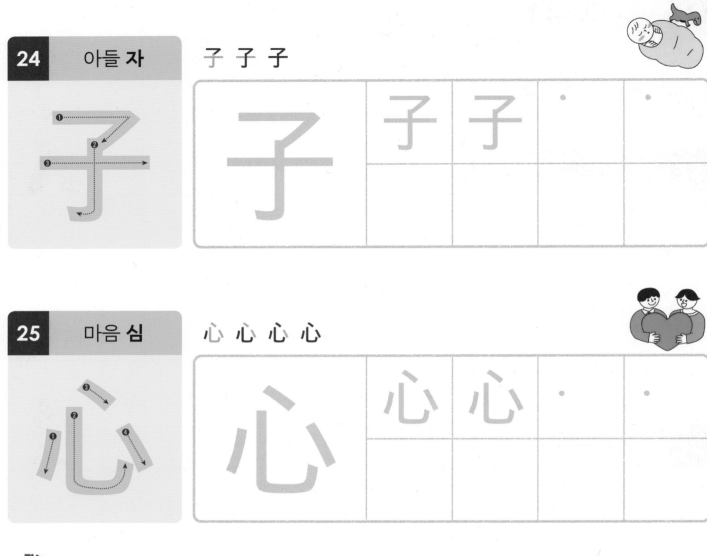

| 24 | 아들 **자** | 子 子 子 |

| 25 | 마음 **심** | 心 心 心 心 |

정복 어휘!

다음 한자의 훈과 음을 쓰고, 그 한자가 들어간 한자 어휘를 두 개 이상 써 보세요.

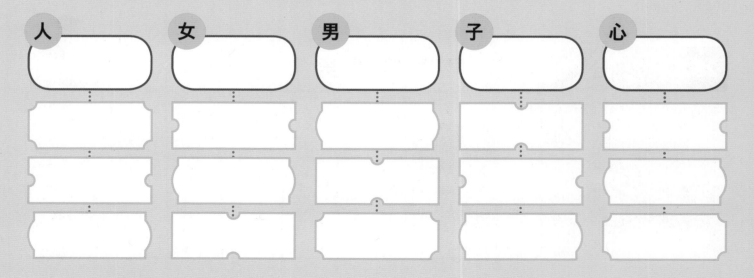

人　　女　　男　　子　　心

▶ 한자의 훈과 음을 소리 내며 한자를 쓰세요.

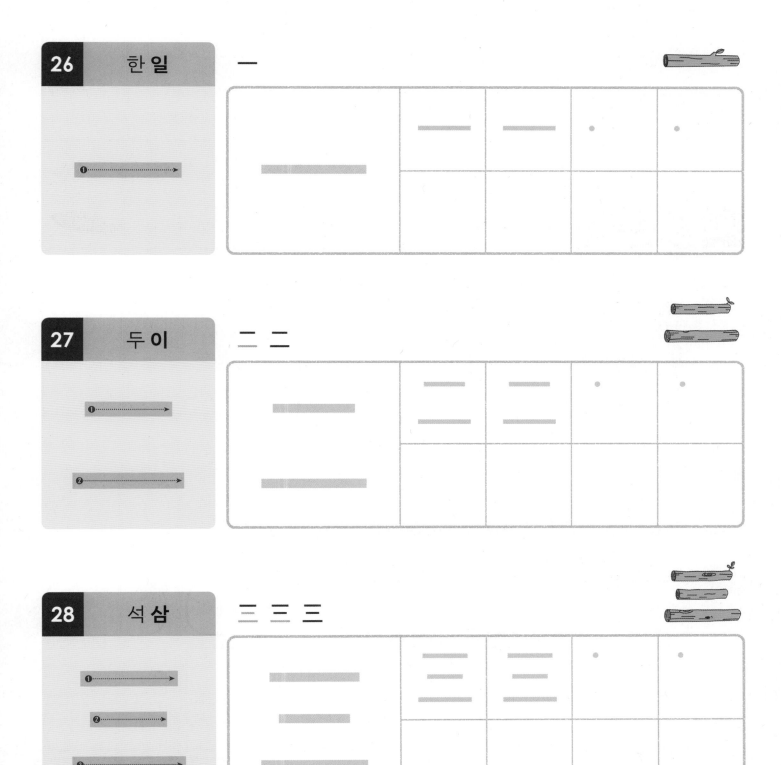

26 한 일 一

27 두 이 二 二

28 석 삼 三 三 三

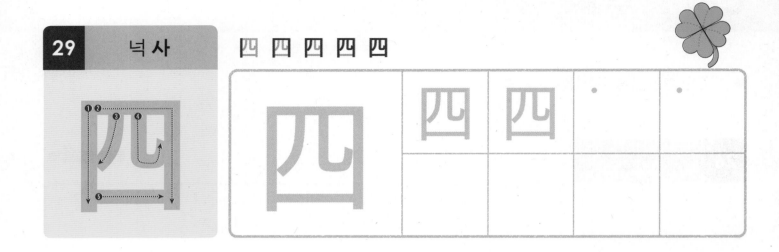

29 넉 **사**

四 四 四 四 四

30 다섯 **오**

五 五 五 五

다음 한자의 훈과 음을 쓰고, 그 한자가 들어간 한자 어휘를 두 개 이상 써 보세요.

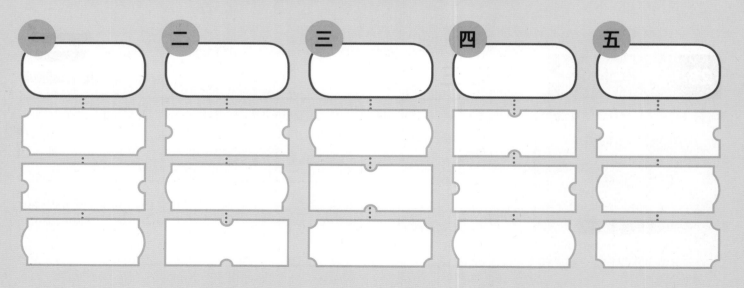

一 二 三 四 五

▶ 한자의 훈과 음을 소리 내며 한자를 쓰세요.

31 여섯 륙

六 六 六 六

六　六 六

32 일곱 칠

七 七

七　七 七

33 여덟 팔

八 八

八　八 八

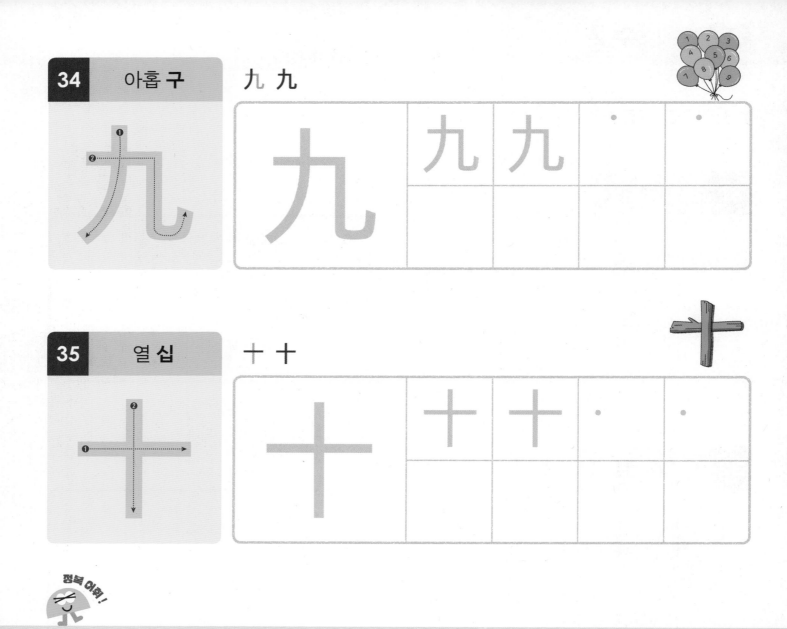

34 아홉 **구** 九 九

35 열 십 十 十

다음 한자의 훈과 음을 쓰고, 그 한자가 들어간 한자 어휘를 두 개 이상 써 보세요.

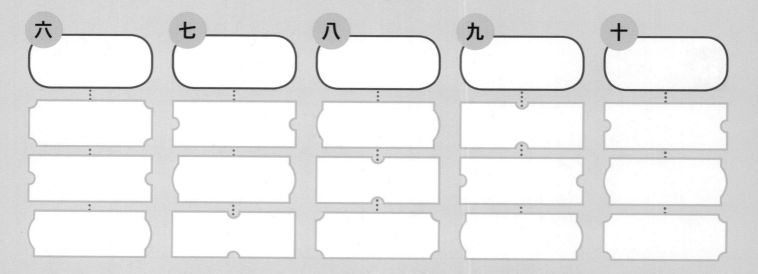

六　七　八　九　十

▶ 한자의 훈과 음을 소리 내며 한자를 쓰세요.

36	큰 대

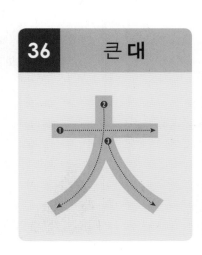

大 大 大

37	작을 소

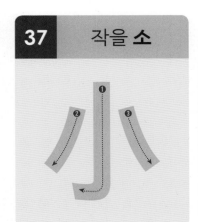

小 小 小

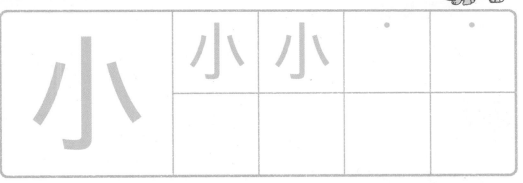

38	많을 다

多 多 多 多 多 多

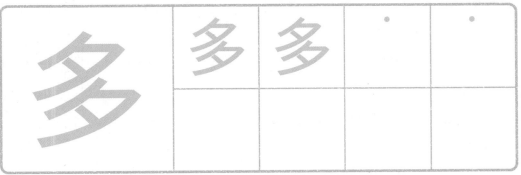

39	적을 소	少 少 少 少

少

少	少	·	°

40	높을 고	高 高 高 高 高 高 高 高 高 高

高

高	高	·	°

다음 한자의 훈과 음을 쓰고, 그 한자가 들어간 한자 어휘를 두 개 이상 써 보세요.

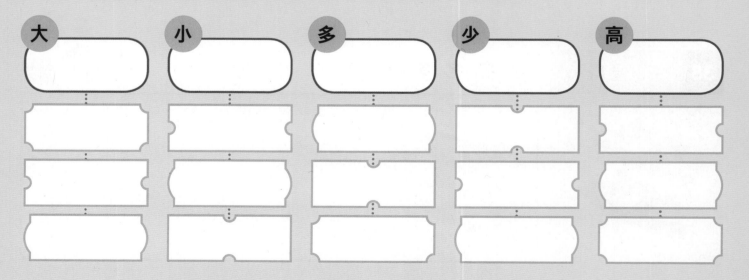

大	小	多	少	高

▶ 한자의 훈과 음을 소리 내며 한자를 쓰세요.

41	동녘 **동**

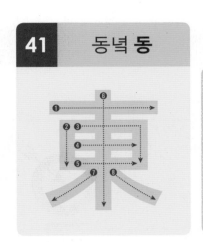

東 東 東 東 東 東 東 東

42	서녘 **서**

西 西 西 西 西 西

43	남녘 **남**

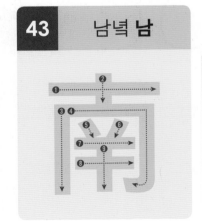

南 南 南 南 南 南 南 南 南

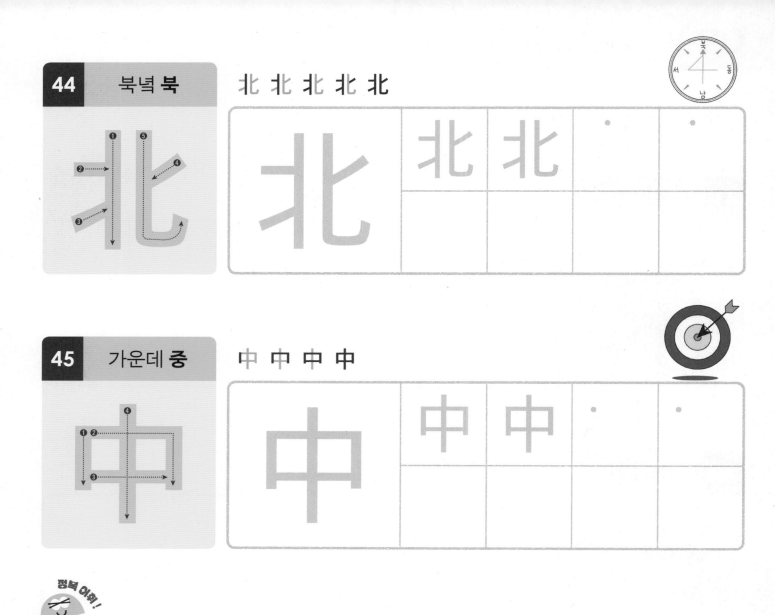

44 북녘 **북**

北 北 北 北 北

45 가운데 **중**

中 中 中 中

다음 한자의 훈과 음을 쓰고, 그 한자가 들어간 한자 어휘를 두 개 이상 써 보세요.

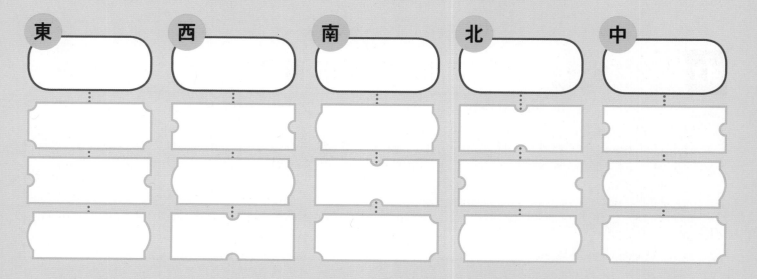

東   西   南   北   中

▶ 한자의 훈과 음을 소리 내며 한자를 쓰세요.

46	들 입	入 入

47	날 출	出 出 出 出 出

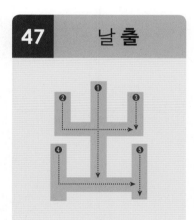

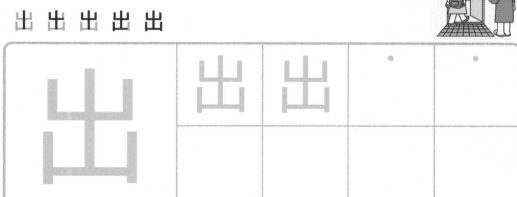

48	올 래	來 來 來 來 來 來 來 來

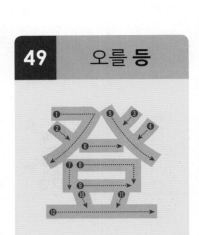

49 오를 **등**

登登登登登登登登登登登登

登 | 登 | 登 | |

50 움직일 **동**

動動動動動動動動動動動

動 | 動 | 動 | |

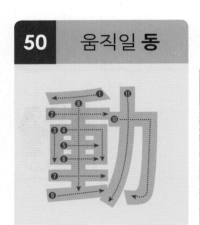

정복 어휘!

다음 한자의 훈과 음을 쓰고, 그 한자가 들어간 한자 어휘를 두 개 이상 써 보세요.

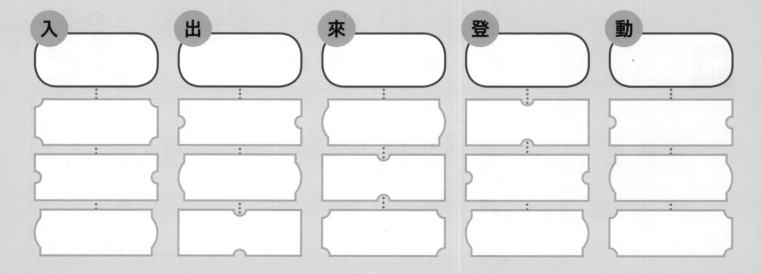

入　　　出　　　來　　　登　　　動

지은이 기적학습연구소

"혼자서 작은 산을 넘는 아이가 나중에 큰 산도 넘습니다"

본 연구소는 아이들이 혼자서 큰 산까지 넘을 수 있는 힘을 키워 주고자 합니다.
아이들의 연령에 맞게 학습의 산을 작게 만들어 혼자서도 쉽게 넘을 수 있게 만듭니다.
때로는 작은 고난도 경험하게 하여 성취감도 맛보게 합니다.
그리고 아이들에게 실제로 적용해서 검증을 통해 차근차근 책을 만들어 갑니다.
아이가 주인공인 기적학습연구소 [국어과]의 대표적 저작물은 〈기적의 독해력〉, 〈기적의 독서 논술〉,
〈4주 만에 완성하는 바른 글씨〉, 〈30일 완성 한글 총정리〉 등이 있습니다.

어휘를 정복하는 한자의 힘 · 1권

초판 발행 2023년 12월 18일
3쇄 발행 2024년 8월 15일

지은이 기적학습연구소
발행인 이종원
발행처 길벗스쿨
출판사 등록일 2006년 6월 16일
주소 서울시 마포구 월드컵로 10길 56(서교동 467-9)
대표 전화 02)332-0931   **팩스** 02)333-5409
홈페이지 www.gilbutschool.co.kr   **이메일** gilbut@gilbut.co.kr

기획 이경은(hey2892@gilbut.co.kr)   **편집 진행** 최지현, 박은숙, 유명희, 임소연
제작 이준호, 이진혁   **영업마케팅** 문세연, 박다슬, 박선경   **웹마케팅** 박달님, 이재윤, 이지수, 나혜연
영업관리 김명자, 정경화   **독자지원** 윤정아

디자인 퍼플페이퍼 정보라   **일러스트** 블루바바
전산 편집 린 기획   **인쇄 및 제본** 상지사피앤비

ISBN 979-11-6406-612-4(길벗스쿨 도서번호 10898)
정가 14,000원

독자의 1초를 아껴주는 정성 **길벗출판사** ──────────────────

길벗스쿨 국어학습서, 수학학습서, 유아콘텐츠유닛, 주니어어학 1 / 2, 어린이교양 1 / 2, 교과서, 길벗스쿨콘텐츠유닛
길벗 IT실용서, IT / 일반 수험서, IT전문서, 어학단행본, 어학수험서, 경제실용서, 취미실용서, 건강실용서, 자녀교육서
더퀘스트 인문교양서, 비즈니스서